KB197809

공연예술 분야로 본 계몽의 파레시아

이 저서는 2019년 대한민국 교육부와 한국학중앙연구원(한국학진흥사업단)의
한국학대형기획총서사업의 지원을 받아 수행된 연구임(AKS-2019-KSS-1230001)

공연예술 분야로 본 계몽의 파레시아

이철우

국학자료원

다크투어리즘과 계몽의 파레시아에 대하여

공연을 통한 다크투어리즘의 접근은 기본적으로 개화기 문화접변을 중심으로 이루어진다. 특히 개화기를 맞이하여 다양한 문화의 한국으로의 수용과 우리 문화의 진출은 적극적인 문화충돌의 한 현상으로 이해할 수 있다. 이런 까닭에 개화기 문화현상을 중심으로 교류의 현장을 찾는 것은 이 주제를 펼쳐내는 데 있어 중요하다. 다만 공연문화가 갖는 특수성이나 공연의 일반적 성격을 먼저 이해하면서 이를 구체적으로 입증하는 것도 중요하다. 공연문화는 단순하게 극장에서 공연을 통해 전달되는 문화현상이 아니라 공연에 대한 자각과 가치의 인식 그리고 공연문화의 특성을 이해하는 것으로부터 시작되기 때문이다.

근대적 계몽이라고 일컫는 개화시기는 사실상 우리에게 자연스러운 시간의 흐름 속에서 이루어지지 못했다. 적어도 우리가 역사적으로 보여준 서구문명에 대한 호기심과 지적 접근을 통한 기독교사상이나 과학문명의 자발적 도입과 이해를 통한 문명과의 조우와는 달리 강제적 개화를 통한 근대문명의 등장은 정치적으로 정략적으로 외부적 세력에 의한 강제성을 기반으로 우리에게 전달되었기에 자연스러움과는 어느 정도 거리가 있는 사건이었다. 청나라의 침탈을 전달받은 상황에서 서구세력은 외세의 분순한 의도를 가진 군사적 힘으로 간주된 점이 적지 않았기에 시대의 흐름 속에서 '개화'라는 역사성은 뒤로 후퇴되고, 우리의 자강을 위한 시간 끌기를 핵심적인 전략으로 채택하게 된다. 우리의 역량을 키워야 서구와 대등한 조건에서 대등한 논의를 전개할 수 있다는 이런 생각은 제국적인 세력이나 힘의 균형을 꾀해야 하는 혼돈의 시기에 너무 소극적인 정책이었다. 그리고 이런 상황은 우리에게 적극적이고 주체적인 문화에 대한 자세를 유지시키지 못하게 만든 요인이 된다.

한편, 개화사상을 주창하는 인사들에 의한 우리의 새로운 문명과 문화에 대한 이해는 꾸준하게 명맥을 잇게 된다. 유길준은 『서유견문』을 통해 서양 연극이나 희곡을 소개하면서 서구 극장은 내부 구조나 사실적인 무대 장치, 장면 전환, 악사석, 분장, 의상 등에 대해 자세히 기술하였다. 그의 체험을 통한 이런 시각은 문화에 대한 자각과 인식을 통한 접변의 내용을 전달하는 것이었으며, 소극적인 의미에서의 투어리즘적 시선으로 이해하는 것이 바람직하다. 단순하게 서구의 문물을 소개하는 것에서 나아가 우리가 인지하고 배워야 할 대상으로서의 극장에 대한 구체적인 소개인 셈이다. 그리고 민영환은 『해천추범』을 통해 러시아 황제 니콜라이 2세의 대관식에 대한 이야기를 전달하면서 서구 연극의 사실적인 무대와 극 내용을 소개한다. 이처럼 개화시기에 전달되는 서구문명에 대한 이해와 소개는 우리에게 자극이 되어 서구문명에 대한 적극적인 자세를 갖게 만들었으며 자각적 인식과 노력이 소극적으로나마 이루어진다는 사실을 보여준다. 따라서 공연문화에 대한 투어리즘적 인식과 방법은 문화에 대한 이해를 토대로 새롭게 전개되는 문화적 교류의 현장이었으며 이를 토대로 우리 공연문화에 대한 이해와 기반이 구축되었다는 사실을 짐작하게 한다.

더하여 관광이라는 투어리즘에 대하여도 관심을 가져야 한다. 실제 관광이라는 말은 표준국어대사전에 따르면, '나라의 성덕과 광휘를 봄', '다른 지방이나 다른 나라에 가서 그곳의 풍경, 풍습, 문물 따위를 구경함'이라고 풀이되어 있다. 일정한 근대와 전근대의 모습으로서의 차별화 혹은 인식 등을 내포하는 말이라는 의미이다. 이는 사실 관광이라는 단어가 가진 언어에서 두드러진다. 관광은 근대의 산물이며 대표적인 표상이다. 소수 특권층이 아닌 일반인 노동자들에게도 보편화된 여가로서의 관광은 영국의 산업혁명 시기에 이루어진 중산층 계급의 성장과 철도라는 대중 운송 수단의 발달에 따른 것이기 때문이다. 1811년 영국의 스포츠 잡지에서 처음 사용된 용어로 알려진 'tourism'은 이런 시대적인 맥락과 상황을 반영한다.[1] 그렇기에 관광은 지배 계급만 즐기던 유람이나 공적 활동으로서의 시찰과는 다른 근대 이후 다수 대중에 의해 이루어지는 일종의 소비문화로 정착된 사회 현상을 지칭한다. 따라서 전근대 시기의 유람, 시찰, 성지순례 등과는 역사적 배

---

1) 도재학, '관광'의 어휘사와 문화 변동, 한국학연구64집, 고려대한국학연구소, 2018. p.85.

경을 달리하는 관광의 근대성에 대한 인식이 전제되어야 한다. 따라서 여기서 말하고자 하는 '다크투어리즘'은 이런 성격을 내재하면서 諸요소에서 언급하는 다양한 발견을 포함한다. '다크'가 주는 어둠이나 피하고 싶은 대상이나 상황, 역사적인 증거 등에서 가급적 원형 그대로의 노출이나 인지 등으로 드러나는 상황에 대한 이해를 수반하는 것이다. 그리고 이런 가능성을 전부 다양한 실천적 방법을 통해 자기화하는 과정으로서의 움직임을 소위 '파레시아'로 이해하는 것이다. 실천으로서의 방법이 아닌 단지 의식적인 깨달음은 진정한 의미에서의 전환적인 시도라고 볼 수 없기 때문이다. 그렇기에 다양한 양상과 방법으로 같은 의미의 내용도 점검하게 될 것이다.

책을 내면서
– 총서의 배경과 시대 상황

    동서양의 만남은 이질적이고 경험하지 못한 새로운 여행의 모습으로 드러난다. 서양 문물이 일본에 유입된 전후로 동서양 만남은 다양한 삶의 영역에서 교섭하면서 동질성, 이질성, 차별성을 생성하였다. 이로부터 동서양 만남을 표피적으로 파악하지 않고 심층적으로 고찰하는 과정은 한국적 인문학의 형성 과정을 살펴보는 데 유익하다. 동서양의 근대성 이면에 작동하고 있는 다양한 인문학적 토대를 검토하는 과정을 통해 만남이 갖는 본원적인 의미를 재생산 할 수 있다.

    서양의 지적 산물이 어떻게 한국의 지적 산물과 매개되었는지를 살피는 과정은 동서 만남의 보편적 지평 융합(Horizontverschmelzung)을 이해하고 이를 토대로 지적 만남의 원형성을 탐구할 수 있다. 이를 위해 본 연구에서는 동서 만남의 '여행'을 키워드로 삼았다. 여행을 통해 우리는 문물과 접하고 새로움을 경험하며, 민족간, 국가간, 시공간을 초월한 문화의 축적을 경험한다. 여행이 갖는 새로움에 대한 동경과 만남은 단순한 감성적 교류만이 아니라 동서양의 문명교류이자 문화의 접변현상이며 주체의 능동적인 변화일 수 있다. 또한 대상이나 객체 역시 주체를 통해 변화하고 발전하는 계기가 된다. 그렇기에 여행이 갖는 의미를 분류하고 분석하는 일은 단순한 여행기나 일정의 소개가 아니다. 주체와 대상의 교류이며 각자의 파레시아를 포함한 '대화'인 것이다. 이 만남의 양상을 분석하고자 한 이유를 구체적으로 제시하면 다음과 같다.

첫째, 여행기록과 공연물을 조사, 분석하여 외국인과 그들의 문화가 내포하는 파레시아를 발견하고 해석하여 근대 조선과 조선인에 관한 문화접변의 현상과 관점을 복원하는 일이다.

둘째, 외국문화에 대한 수용태도와 이해를 기반으로 근대 조선인들의 교류양상을 구체적으로 살피고, 근대에 대한 이식문화론의 반성과 주체적인 활동의 면모를 부각시켜 자생적이고 근대적 문화수용의 현상을 드러내고자 한다.

셋째, 타자 혐오는 타자의 복잡한 국면을 단순하게 이해하는 과정에서 발생한다. 과거의 여행에 관한 연구는 이런 배경에서 출발하였다. 따라서 타자 혐오의 기원을 인문학적으로 고찰하고 해결방안을 모색하는 시각을 확보할 필요가 있다.

넷째, 기록으로서의 '투어리즘'에 대한 반성과 본래적 의미의 복원을 통해 근대 조선의 모습을 재구하려는 것이다. 근대 조선에서 투어리즘의 주체인 외국인들은 조선을 타자화하는 과정을 거쳐, 주체와 객체의 계층화, 서열화를 보여준다. 하지만 조선인들은 오히려 대상을 이해하려고 끊임없이 자기화하는 과정을 거쳐 소비하려고 하였다. 유사한 '투어리즘' 속에서도 각기 목적과 의미의 분화가 드러난다. 이런 현상으로서의 '투어리즘'에 대한 반성과 자기화의 과정은 그 기원을 성찰하고 반성하는 과정을 거쳐 인문학적 투어리즘으로 갱신할 필요가 있다.

　근대적 계몽 주체의 일방적인 이식문화론 수용에 따른 협소한 문화 현상의 이해에 대한 반성과 민족적 우월성에 근거한 막연한 상호주의적 관점을 극복하여, 근대 조선의 주체에 대한 자율성과 자수자강 정신을 기반으로 '투어리즘'이라는 하나의 렌즈로 대상화 함으로서 동서양 만남을 객관적으로 드러내고자 한다. 즉 만남을 통한 변화와 근대 조선의 원형성을 복원하기 위한 '자생과 환대'의 투어리즘으로 재탄생한다. 더하여 투어리즘에 숨겨진 파레시아의 이해는 동서양의 지리적 이동 뿐만 아니라 이념적 횡단을 통해 동서양 인문학 담론의 개념의 매핑(Mapping)을 펼쳐 보일 수 있다. 파레시아에 관한 투어리즘적 경향은 인문학적 접근과 사고 속에서 다채롭게 펼쳐진다. 기억의 파편과 재구성이라는 파레시아의 내포는 여정과 시공간의 모습이라는 외연으로 형상화된다.

목차

제1장

공연문화에 대한 개관과 특성

공연은 기본적으로 집단적이고 집중적이며 자발적인 기호를 갖는 대중이 즐긴다. 이런 까닭에 공연의 시간은 온전히 공연 자체의 향유뿐만 아니라 공연의 내용을 감상하고 공유하는 집단의 시간이 된다. 공연이 갖는 가치는 이런 점에서 다른 문화적인 감상이나 공유와는 차별된다. 전적으로 공연은 공연자와 감상자의 자발적이고 집중적인 교류의 현장이라는 점에서 그리고 공연시간과 장소를 공유한다는 차원에서 특별한 기회이자 만남의 장이라고 할 수 있다. 우리가 공연을 중시하는 이유는 이처럼 공연이 지닌 특별함과 관계된다. 적어도 새로운 문화나 문명과의 조우라는 측면에서 혹은 생경한 문화적인 접점의 현장이라는 점에서 공연이 갖는 의미는 남다르다고 할 것이다. 이런 까닭에 공연자나 관객이 매번 공연마다 새로운 관계에 놓인다는 점은 공연을 단지 문화 현상의 한 지점으로 바라보지 못하게 만드는 지속적이고 이후 여러 변화의 가능성을 갖는다는 점에서 의미 있는 접근인 셈이다.

오늘날에 있어서도 여전히 무대 공연예술에 대한 기호는 여전하다.

유명한 공연단의 공연을 관람하기 위해서는 많은 금액을 지불해야 하고, 미리 표를 예매해야 하고, 남들보다 일찍부터 서두르지 않으면 관극 할 기회를 놓치기 다반사이다. 특정한 공연이나 작품에 대해서는 일찍 그 작품을 감상하고 그 작품에 대한 평가나 의견을 제시하고픈 욕망이 작용하는 것도 일종의 욕망이지만, 한편으로는 작품을 통한 자신의 경험을 축적하여 새로운 기회나 가능성을 개인적으로 높이고자 하는 의도도 작용한다.

한편, 새로운 기술의 도입과 영상의 확대로 인해 과거의 지위를 공연 예술가들이 많이 상실한 것도 역시 사실이다. 연극과 같은 공연예술의 자리를 영화산업이 차지한 것은 이미 고전이 되어버린 이야기이다. 대중적이고 질 좋은 영화산업으로 인해 현장에서 관객을 만나는 연극배우들이 그 현장을 떠나고 있으며, 직접 대면해야 전달할 수 있다는 생각이 점차 간접적인 대면으로도 충분히 같은 공감을 이루어낼 수 있다는 기술적인 보완과 새로운 공연문화의 형성으로 인해 새롭게 영역이 만들어지고 있다. 노래와 춤 그리고 특수효과를 동반한 볼거리 위주의 뮤지컬은 공연예술 시장에서 가장 큰 영역을 차지하고 있다. 새로운 소재를 동원한 볼거리의 확산으로 공연에 대한 기대감이 높아지기도 한다. 하지만 한편에서는 이런 현상을 바람직하지 않다고 우려하는 목소리도 높다. 배우가 갖는 진정성은 미약해지고 시각적인 자극이 빈자리를 메우는 공연의 양상이 퍼지는 것을 우려하는 것이다. 이런 견해는 공연이 갖는 특수성이 사라진다는 우려에서 제시된다.

1. 공연문화에 대한 이해

1) 인생과 가장 닮은 예술

연극은 실제 인생과 매우 유사한 예술이다. 연극의 세계는 인생을 무대 위에 옮겨 놓아 실제 삶이 벌어지고 있다는 착각을 주는 환영의 세계이다. 연극은 살아 있는 배우에 의해 우리의 눈앞에서 처음 벌어지는 일인 것처럼 행동화된다는 점에서 소설이나 영화와 다르다. 소설이나 영화는 인물과 사건을 갖춘 이야기라는 점에서 연극과 유사하나, 소설은 머 속의 상상력에 의존하여 독자에게 감동을 전달하고 영화는 스크린에 투사된 이미지를 통해 감동을 전달하는 점에서 연극과 구별된다. 연극은 몸짓과 언어를 빌어, 인간의 삶을 공간과 시간 속에 연출함으로써 시각적이고 입체적인 예술로서의 본질을 갖추고 있다. 또한 관객을 직접 대하면서 생성되는 예술이므로 다른 어떤 예술형태보다 사회와 밀접한 관계를 맺고 있는 예술이다.

우리는 인생이라는 무대 위에서 자신의 맡은 역할을 수행하다가 때가 되면 퇴장한다. 연극 역시 등장인물로 분한 배우들이 허구의 공간에서 극중의 삶을 살다가 퇴장한다는 점에서 인생과 연극의 유사성을 찾아 볼 수 있다. 또한 인간은 삶을 살아가면서 끊임없이 타인과 관계를 맺고 살아가게 된다. 연극 역시 무대 위에서 여러 인물들이 등장하여 서로 관계를 맺고 갈등하는 모습을 보여 준다는 점에서 인생과 가장 유사한 예술이다. 우리는 무대 위에 창조된 환상을 보며 인생에 대한 진실을 깨닫고, 자신의 삶을 반추하게 된다. 연극은 우리가 이 세상을 이해하는 한 가지 방법이 된다.

인간이란 존재는 연극의 주제이면서 연극적 표현의 수단이다. 때문에 연극은 다른 사람들의 삶에 대한 견해를 경험하게 되는 가장 직접적인 방법의 하나가 된다. 엘리자베스 시대의 사람들은 연극이란 거울에 비춰진 삶이라고 여겼다. 그러나 연극이란 것이 단순한 삶의 반영을 의미하지는 않는다. 그것은 예술의 형태로 선택된 반영이다. 즉 의미 있는 것으로 구성된 삶의 반영이라 할 수 있다. 특별한 의미에서 연극이란 인간의 본성과 사회에 대한 대답을 찾는 일이다. 연극은 또한 어떤 환경이나 어떤 조건 하에 놓여 있는 인간의 의미가 무엇인가를 밝혀내는 일이다. 따라서 연극은 인간들이 빚어내는 사회적 갈등을 통해 세상을 파악하는 놀이라 정의될 수 있다.

2) 일회성의 예술

연극이 지닌 일회성은 연극이 문학과 시각예술과 구별되는 커다란 차이점이다. 그림, 조각, 소설, 시집과 같은 정형화된 예술은 예술가의 손을 떠나면 완성된 작품으로 존재한다. 문학과 시각예술의 본질은 어느 한 순간에 어떤 대상을 포착해 정지시켜 두는 것이다. 하지만 공연예술에서는 불가능한 일이다. 소설은 한쪽으로 밀어놓았다가 다시 읽을 수 있지만, 연극은 그렇지 않다.

공연이 계속되는 동안 연극을 통한 경험은 밤마다 계속 반복될 수 있다. 그러나 한번 연극이 막을 내리고 공연에 참여했던 배우들이 다 흩어지고 나면 공연은 사라지고 만다. 예를 들어, 영화 <욕망이란 이름의 전차>에서 스탠리 코왈스키와 블랑쉬 뒤부아로 열연한 마론 브란도와 비비안 리의 위대한 연기는 1951년 작품 속에 남겨져 있다. 그러나 로렛 테일러와 제시카 탠디, 그리고 엘리자벳 애쉴리가 함께 보여준 훌륭한 연극 공연은 공연이 끝남과 함께 사라졌다. 연극은 단지 공연되고 있는 두세 시간 동안 지속되는, 덧없는 예술이다. 이런 점에서 연극은 허망한 예술이라고 볼 수도 있으나, 연극이 갖는 활력과 생기는 다른 장르가 흉내 낼 수 없는 연극만의 매력이라 할 것이다.

우리가 작품을 대하기 훨씬 전에 이미 만들어진 그림이나 소설과는 달리, 연극은 우리가 지켜보는 가운데 지금, 여기서 일어나는 현장예술이다. 연극은 관객과 배우들의 만남을 통하여 이루어지므로 살아 있는 특성이 있다. 연극은 현실적인 인간이 출연하여 관객들 앞에서 알아볼 수 있는 장소와 사건 속에서 움직이고, 말하고, 살아 있는 가상적인 인물을 연기한다. 연극은 아무리 오래 전에 일어난 사건을 그린다 해도, 그 사건은 '지금, 여기에서' 일어나는 사건으로 제시된다. 극작가 손톤 와일더는 연극은 "영원한 현재 시제"라고 말했다.

3) 행동하는 예술

아리스토텔레스는 연극에 대해 설명하기를 '미메시스(mimesis)', 즉 행동하고 있는 인간에 대한 모방이라 했다. 이 정의는 서사장르나 서정 장르, 회화, 조형예술과 연극과의 근본적인 차이를 말해 주고 있다. 연극이나 희곡은 움직이는 인간의 행동을 모방하는 예술이다. 드라마 (drama)라는 말은 '행하다' 또는 '행동하다'라는 의미를 지닌 동사 'dran' 에서 비롯되었다. 연극은 그 핵심에 있어 행동을 동반한다. 서사장르는 인간의 행동을 공간적 연장 없이 시간 안에서만 움직이는 사건으로 모 방한다. 반면, 조각과 같은 조형예술은 시간 속의 연장을 배제하고 오 직 공간 속에서만 일어나는 것으로 모방한다. 그런데 연극은 관객의 눈 앞에서 '지금, 여기의' 사건으로 재현해 보여준다는 점에서 서사장르와 조형예술의 특징을 모두 갖추고 있는 것이다. 즉 시간적 차원과 공간적 차원을 모두 가지고 있다.

연극에서 행동은 작품을 연기하는 사람들의 실제적인 움직임과 대 사, 그리고 무대 위에서의 '연기적' 상황을 말한다. 연극 속에서의 행동 은 흔히 움직임 이상의 것과 대사 이상의 것을 말한다. 배우들이 연기 하고 있는 모든 사건의 유형을 통틀어 지칭하는 것이다. 연극 속의 사 건은 인간의 생활을 반영하고 있으며, 동시에 인간의 생활에 토대를 두 고 있다. 행동은 이야기의 전달이기 때문에 그것은 몸짓과 동작은 물론 대사와 휴지(休止)까지 내포하고 있다.

연극 속의 행동은 기본적인 원리에 관련되어 있다. 그것은 '드라마는 갈등이다'라는 명제와 관련된다. 모든 극작품은 위기를 내포하고 있다. 창가에 앉아서 책을 읽고 있는 사람은 어떤 행동을 하고 있는 것이지만, 누가 그런 행위를 희곡으로 구성하겠는가? 연극의 행동은 이보다 더 활동적이고 어떤 목적을 겨냥하고 있어야 한다. 연극은 '삶 속에 얽힌 인간의 행위를 모방하는' 예술이므로 연극 속에서 움직이는 인간은 수동적이거나 관찰자가 아닌 능동적 행위자여야 한다. 행위란 항상 결정, 결단을 요구하는 극한 상황을 전제로 한다. 이러한 결정의 상황은 긴장의 관계를 낳고 양자택일의 갈등적 상황을 초래하므로 이러한 행위의 순간을 주된 요인으로 다루는 연극은 긴장과 갈등의 예술이다.

무대 위의 삶은 의미 있는 한가지의 목적을 가진 인물들의 강렬한 삶과 강렬한 감정을 보여 준다. 우리의 실제 삶은 우연적인 사건들이 잡동사니처럼 뒤죽박죽 섞여 일어나고, 반복적인 일상의 생활로 엮어져 있어 그다지 매력적이지 못하다. 하지만 무대 위의 인물들은 뚜렷한 목표를 지니고 그 목적을 이루기 위해 강렬하게 투쟁해 나간다. 드라마 속에서는 모든 것이 어떤 목적을 위해 형성되고 방향이 설정된다. 우리는 무대 위의 인물들의 강렬한 투쟁을 보면서 대리만족을 느끼거나 삶을 살아가는 하나의 방식에 대해 배우게 되는 것이다. 연극은 제한된 공간과 제한된 시간 속에서 서로 대립하는 인간들의 싸움을 보여 주는 것을 일반적인 내용으로 한다.

연극은 어떤 다른 예술보다도 삶을 총체적으로 무대 위에 그려줌으로써 관객으로 하여금 그 시대만이 가지고 있는 삶의 특수성을 보여준다. 또한 그 속에 연연히 흐르는 인간의 보편적이고 본질적인 삶을 보여주어 감동을 제공하는 것이다.

4) 배우와 관객이 소통하는 예술

희곡을 지칭하는 용어로 사용되는 'drama'란 용어는 그리스어로 '행동하다'(dromenon)라는 어원을 가지고 있다. 'theatre'란 용어도 그리스어 '보는 장소'(theatron)라는 어원을 가지고 있다. '지켜보는 행위'와 '남에게 보여지는 행위'는 연극적 경험의 핵심이다. 이 용어는 연극이 관객의 존재를 필수적으로 요청하는 장르란 사실을 말해 준다. 관객은 연극에 있어서 배우와 함께 필수적인 요소이다. 연극은 배우와 관객간의 일종의 약속(convention)에 의해 성립된다.

무대 위의 배우와 관객 사이의 교감은 연극을 이루는 가장 중요한 요소 중의 하나이다. 현대 서구의 가장 영향력 있는 연출가 중의 한 사람인 피터 브룩은 "행동하는 사람이 있고, 그것을 구경하는 사람이 있다면 연극은 성립된다"라고 말하였다. 연극에 있어서 장식적 요소를 과감히 제거하고 '가난한 연극'을 추구하였던 그로토우스키는 연극을 구성하는 가장 본질적 요소를 배우와 관객으로 보았다. 연극이 발생하기 위해서는 두 그룹의 사람들, 즉 연기자들과 관객들이 특정한 시간에 특정한 장소에 모여야 한다.

연극은 관객 앞에서 '보여주는' 행동을 통해 재현된다는 점에서 입체적인 예술이다. 지금 눈앞에 일어나는 사건인 것처럼 생생하게 재현해주기 때문에 관중과 같은 시간과 공간의 공유가 이루어진다. 연극은 관중과 현장성을 공유한다. 곧 무대와 관객이 상호 소통하며 피드백(feedback)을 서로 주고받는다는 뜻이다. 무대 위의 행동이 연습된 대로 반복되는 것 같지만, 사실은 그 날의 관객의 반응에 의해 전혀 다른 공연이 될 수 있다는 것이 연극이 갖는 묘한 매력이다. 관객의 호흡과 긴장은 배우에게 신호를 보내고, 마찬가지로 배우의 그것도 관객에게 전해진다. 짧은 순간, 그들 사이에는 정서적인 일치감이 형성된다. 공연예술인 연극의 가장 독특한 매력은, 관객과의 생동감 있는 만남이다. 이러한 만남이 비로소 하나의 공연을 생명이 있는 유기체로서 완성시키는 것이다.

문학, 미술, 음악, 영화에서는 독자나 관객이 예술과는 분리되지만, 연극의 관객은 수동적인 관찰자의 자세가 아닌 능동적 참여자로서 기능한다. 연극은 다양한 예술을 수용하여 구성되어 있음에도 불구하고 결국 관객의 관극을 통해서만 하나의 작품으로 완성하는 예술이다. 다시 말해서 무대 위의 연극과 객석의 관객의 호흡이 합쳐질 때 비로소 통일된 하나의 호흡과 리듬을 생성하여 생명력을 발휘하며 완성되는 예술인 것이다.

관객의 한 사람으로서 우리는 공연이 지속되는 동안 그 연극이 살아 있는 현실이라는 것을 배우들과 암암리에 약속한다. 물론 우리는 연극이 삶 그 자체가 아님을 알고 있으나, 연극을 보고 있는 시간만큼은 이런 사실을 뒤로 미루어 둔다. 우리들은 어떤 삶이 무대 위에서 펼쳐지고 있다는 환상을 배우들과 함께 공유한다. 우리는 연극을 볼 때, 삶이 우리들 앞에서 처음 펼쳐지고 있으며, 배우들은 그들 자신이 아닌 다른 사람이라는 환상을 갖게 된다.

관객에게 있어 연극은 일종의 집단 경험이다. 회화, 조각, 문학과 같은 예술들은 혼자만의 경험을 마련해 준다. 그것을 보거나 읽는 사람들은 나름대로의 페이스대로 혼자서 작품을 관찰할 수 있다. 그러나 다른 공연예술과 마찬가지로 연극에서는 집단 경험을 빼놓을 수 없다. 공연예술은 종교 예배, 스포츠, 찬양 의식 등과 같은 공동 행사와 마찬가지로 집단 경험이라는 것을 지니고 있다. 한 날 한 곳에 모인 집단은 여전히 자기 나름대로의 개성과 배경을 지닌 독립적인 존재이면서 그들 나름대로의 독자적인 반응이 가리워져 드러나지 않는 특징을 띠게 된다. 집단 상태에서 인간의 모든 감정과 생각은 한 방향을 향하며, 의식적인 개성은 사라지게 된다. 연극의 군중은 축구 경기의 군중들이나 종교 의식에 참석한 집단과 다르지만, 연극의 관객들은 집단적 사고라고 하는 집단의 특징을 공유한다.

5) 총체적 경험의 추구

연극은 연극을 만드는 사람들뿐만 아니라, 연극을 지켜보는 관객들에게도 하나의 경험이 된다. 연극 경험은 다른 경험과 마찬가지로 직접적인 참여가 요구된다. 우리들은 연극을 지켜보면서 다른 사람들의 경험을 함께 나눈다.

우리는 무대에 올려진 것보다 책으로 나온 희곡을 읽을 기회가 더 많긴 하지만, 희곡을 읽다 보면 작품의 여러 가지 면을 머릿속에 그려보

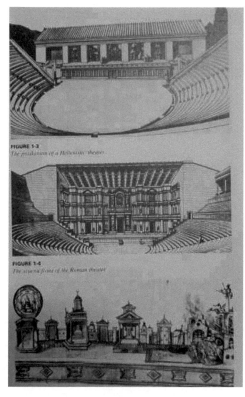

FIGURE 1-3
The proscenium of a Hellenistic theatre

FIGURE 1-4
The scaena frons of the Roman theatre

무대의 변천

게 된다. 그러므로 연극이란 바로 공연이라는 사실을 끊임없이 자각하게 된다. 공연은 연기자, 의상과 무대장치의 색상과 형태, 극작가의 말 속에 표현된 사상과 감정을 비롯한 여러 가지 힘이 한데 어우러진 결과이다.

연극은 집단적인 노력에 의해 올려진다. 그것은 한 개인에 의한 것이 아니고 많은 예술가들과 노동자들 그리고 관객에 의해 만들어진다. 연출가와 무대미술가, 그리고 배우들은 특별한 세계를 창조하기 위해 모인 예술가들이다. 몸짓, 언어, 행위로 이어지는 연극 속의 이야기는 하나의 주제를 만들어내고 그 주제를 공간과 시간 속에 시·청각적으로 구체화시킴으로써 하나의 공연이 만들어진다. 그리고 이 과정에는 이미 언급한 춤과 음악, 율동과 리듬, 빛과 소리가 어우러져야 비로소 삶의 공간과 시간이 가지고 있는 입체성을 만들어내기 때문에 흔히들 연극을 종합예술이라고 말한다. 하나의 연극이 만들어져 상연되기 위해서는 하나의 극단이라는 단체가 전제되어야 하고, 그 단체 속에도 제작, 기획과 연출, 배우, 무대 및 의상·조명·음향 디자이너가 함께 작업을 하게 된다. 그리고 마지막으로 공연되는 순간에 관객과 만남으로써 완성되어지는 것이다. 연극은 그래서 '만남의 예술'이라 지칭된다.

2. 공연문화의 특징 : 꿈의 실현

특히 공연예술은 공연행위를 통해 직접 관객과 조우하는 형태의 예술이다. 공연이라는 한정된 시간과 공간의 제약이 주어진다는 의미이다. 또한 건축이나 공간적인 공유의 예술과는 달리 특정한 시간에 직접 관객과 공연자들이 만나서 상호 교류하는 과정이 필연적이다. 미리 모든 것을 만들어놓고, 아무 때나 필요에 의해 보여주는 예술과는 공연이라는 특성으로 인해 근본적인 차이가 발생한다. 관객과 배우 혹은 공연자와 감상자라는 쌍방 간에 의사소통이 이루어지는 형태의 독특한 예술이므로 공연예술을 이해하기 위해 공연예술만이 지닌 특성을 잘 이해하는 것이 무엇보다 중요하다고 하겠다.

1) 직접성

공연예술이 다른 예술과 가장 커다란 차이는 바로 공연자와 관객이 직접 조우한다는 것일 것이다. 직접 조우한다는 점은 쌍방 간에 서로 영향력을 적지 않게 주고받는 예술 형태라는 사실을 암시한다. 즉 같은 시간과 공간 내에서 모인 사람들만이 경험하게 되는 집단적인 체험이라는 사실이다. 이것을 우리는 직접성이라고 부른다. 직접성은 공연의 특성인 일회성이자 그 곳에서만 느끼는 현장성을 포함한다.

예를 들어, 유명한 가수의 콘서트 장을 가정해 보자. 우리는 그 가수의 노래를 방송을 통해 혹은 녹음실에서 미리 녹음한 음반을 통해 평상시에 즐긴다. 하지만 이렇게 즐기는 노래는 실질적인 노래의 '맛'이 떨어진다. 더구나 좋아하는 느낌이 강할수록, 그 가수를 현장에서 직접보고 행동을 오감을 통해 느끼고 싶은 강한 욕구를 갖게 된다. 그래서 공연장을 찾게 된다. 하지만 공연장에서는 단지 가수의 노래만을 듣는 것은 아니다. 거기에는 같은 느낌을 갖고자 하는 많은 다른 사람들을 만나게 되고, 그들과 함께 호흡하는 자신을 발견하게 된다. 같은 장소와 시간에서 느끼는 공감으로 인해 공연장에서 느끼는 감동은 집에서 TV나 혹은 개인적으로 듣는 노래와는 사뭇 다르다. 또한 이런 공연장에서의 경험은 일상적인 경험이라기보다 특별한 경험에 해당되므로 여러 가지 복합적인 감정을 지니게 된다. 명절이 기억되는 것은 다른 일상으로부터 명절의 시간이 특별한 가치를 지니고 있기 때문인 것이다. 복합적인 감정은 가수의 노래와 생생한 현장의 느낌, 관객의 열기, 공연장의 정서적인 분위기, 시설에 대한 놀라움, 낯선 경험 등 모든 총체적인 느낌이 오감으로 전해지고 합쳐져서 극장만의 고유한 정서와 감상을 만들어낸다. 그리고 우리는 이 감상을 통해 노래의 예술적 흥취가 더해지는 것이다. 물론 여기에 언급하지 않은 다른 많은 정서 역시 포함해서 그렇다.

가수가 나오기 전의 기대감이 가수가 정작 무대에 오르기 전임에도 불구하고 많은 팬들의 정서적인 강한 자극이 된다. 실제 공연장에서의 혼절이나 쇼크를 상기해보자. 정작 가수의 얼굴이 화면 가득 채워지는 집에서는 결코 일어나지 않는 일들이 극장에서 생긴다는 점은 극장만의 독특한 정서가 발생된다는 사실을 확인케 한다. 이것이 직접성이다.

직접성은 공연자와 관객이 동시에 만들어내는 극장 현장의 특징이다. 물론 극장에 오르기까지의 전 과정이 모두 공연에 포함된다. 하지만 무대에 올라 직접 조우하는 것이 공연이고 상연이다. 리허설과 공연은 다르다. 공연을 통한 독특한 특성은 정해진 시간과 공간 속에서 만들어지는 색다른 경험인 셈이다.

2) 제한성

직접 관객과 공연자가 조우하는 관계에서 만나는 공연의 체험은 따라서 제한적일 수밖에 없다. 제한성이란 공연자의 공연을 관람하는 관객의 입장에서도 전체적으로 모든 것을 똑같이 공유할 수 없다는 것을 의미한다. 관객은 자신의 체험을 바탕으로 이해의 정도가 저마다 다르다. 공연을 감상하고 느끼는 정도 역시 개인적이다. 앞서 가수의 콘서트를 예로 들었지만 모두가 가수가 등장했을 때 열광하거나 기절하는 것은 아니다. 이처럼 개인적인 경험 혹은 체험을 바탕으로 공연예술은 이해된다.

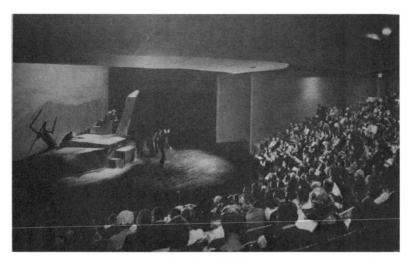

실제 공연의 현장

또한 극장의 크기는 한정되어 있기 마련이다. 희망하는 관객 모두를 입장시킬 수 있는 커다란 크기의 극장은 없다. 극장의 체험은 우리가 경기장에서 경기를 관람하는 것이라고 생각하면 된다. 즉 축구 경기장에서 축구를 관람하는 것과 집에서 시청하는 것은 느낌이 다르다. 얼마 전 월드컵이 한창 열려서 온 나라가 축구 열풍이 분 적이 있었다. 광화문과 서울 시청 혹은 각 경기장을 중심으로 수많은 인파가 모여 같이 대형 전광판을 통해 축구를 관람했다. 그럼에도 불구하고 그곳의 분위기와 경험은 다른 어떤 곳에서 느낄 수 없는 집단정신의 한 장을 보여주었다. 승리를 했을 때 감격에 겨워 서로 안으며 기쁨을 나누던 장면은 우리의 마음을 하나로 묶어주는 구실을 했다. 그렇지만 그 곳의 기쁨과 그것을 바라보는 기쁨은 다른 것이다. 현장을 떠나서는 도저히 예측할 수는 있어도 같은 경험을 할 수는 없다. 이 점에서 제한적인 공연예술의 특징이 부각된다.

더구나 공연은 예술을 경험하는 독특한 체험이다. 이 체험을 같이 공유하는 사람들을 만난다는 사실은 특별하다. 직접 조우하면서도 제한된 소수에게 이 시간이 공유됨으로써 더욱 특별한 감정으로 공연을 만들어준다. 이런 공연을 통한 경험은 그렇기에 소중하고 특별한 기억으로 남는 것이고, 이를 통해 새로운 감정을 경험하게 한다. 공연을 통해 움직이는 행동을 바라보고 그 시간을 제한된 인원들과 공유하면서 받아들이는 것이다.

3) 유기성

공연예술의 특징은 모든 감정과 이성이 통합되어 유기적으로 우리에게 전달된다는 것이다. 물론 이 점은 다른 예술 형태를 받아들이는 것과 뚜렷한 차이를 보이는 것은 아니다. 공연예술은 공간적·병렬적인 예술형태와 시간적·계기적 예술형태가 모두 합쳐진 것이다. 공간적 차원과 시간적 차원을 모두 포함한 형태라는 것이다. 그리고 이 둘이 잘 통합되어 우리에게 전달되어야만 비로소 통합된 경험을 만들어낸다.

단순하게 청각적인 것만을 추구하는 것도 아니고, 시각적인 것과 추구하는 것도 아니다. 상호 친밀적인 음악이나 무용 등에서 장점을 취하여 공연예술은 발전하였다. 인접 예술분야와 여러모로 밀접하게 관련을 맺으며 발전되었기에 통합적이고 유기적인 관점을 지닌다는 것은 명백한 사실이다. 그렇기에 공연예술은 자칫 미학적인 순수성에 대한 관점에서 오해를 받기도 한다. 이것을 극복하기 위한 방안으로도 잡다한 구성요소의 무분별한 집합체가 아닌 총체적인 연관 속에서 공연예술을 바라보아야 한다. 각각의 구성에 대한 '앙상블'의 집합체라고 인식하여 감상하는 관점이 요구되는 것도 같은 맥락인 것이다. 예를 들어, 연극의 경우 몸짓과 춤, 그리고 소리를 포함하는 배우의 예술이며, 연희자와 관객 사이의 특정한 약속을 바탕으로 성립되는 공동체적 경험의 표출이라는 인식이 그것이다. 이것은 각자의 종족적 문화특성에 뿌리박은 상징적인 언어의 특성을 예민하게 드러내주기도 하며, 민족적 전통과 사회습속에 밀착되어 있는 예술형태인 것이다. 따라서 공연예술을 단순하게 하나로 정의할 수 없으며 주어진 현상을 설명하는 데 있어서도 일률적인 척도를 적용하기도 어렵다. 총체적이고 종합적인 유기적인 관계에 놓여 진 예술 형태라는 인식과 접근태도가 요구되는 것은 공연예술이 지닌 특성을 그대로 나타낸다.

3. 공연문화와 연관 분야의 諸양상

1) 희곡과 소설

첫째, 희곡과 소설은 서사구조(敍事構造)의 형식을 갖는다. 대부분의 희곡이나 소설은 기본적으로 서사의 형식으로 동일하다. 이야기를 엮어가며 독자에게 혹은 관객에게 감동을 선사한다. 이야기구조는 일종의 흥미로운 전개이며, 재미를 선사하고 극적인 면을 포함한다. 단순한 이야기는 단순한 가운데 교훈이나 흥미를 주고, 복잡한 이야기는 다양한 서스펜스와 궁금증으로 매료시킨다. 특히 사랑과 이별, 사랑과 복수, 시대의 흐름에 대한 순응과 역행, 미래에 대한 희망, 권력과의 투쟁 등을 확장한 서사구조는 오랜 시간동안 각광을 받은 이야기구조 속의 매력이라고 할 수 있다.

둘째, 희곡과 소설은 모두 갈등(葛藤)의 문학이다. 갈등은 칡뿌리와 등나무가 서로 엉켜 있다는 뜻이다. 우리네 삶은 정말 많은 사람과의 관계, 사건들, 고민의 점철로 엮어진다. 공원과 교정(校庭)의 등나무가 서로 엉켜 그늘을 만들듯 희곡과 소설에도 이런 저런 얽힘이 들어 있다. 그래서 문학은 우리네 삶을 거울에 비추듯 반영(反影)한다고 하지 않는가.

　세익스피어의 『햄릿』에 나오는 대사로 너무나 유명한 것이 '죽느냐 사느냐 이것이 문제로다'이다. 햄릿은 왜 이런 대사를 하게 되었을까? 햄릿의 작은 아버지와 햄릿의 어머니가 서로 사연(邪戀)에 빠져 햄릿의 아버지 귀에 독을 부어 죽게 한 뒤에 현재의 왕이 된 사실을 알게 된다. 이런 사실2)로부터 햄릿은 아버지를 죽인 작은 아버지에게 복수를 하겠다고 결심한다. 작은 아버지를 죽여 아버지의 원수를 갚는 것은 당연히 해야 할 일이나 작은 아버지를 죽이면 어떤 결과가 발생할까를 고민하는 데에서 이야기는 갈등을 내포한다. 형을 죽이고 왕이 된 패륜아 동생을 응징하기만 하면 모든 일이 다시 정상화 될 수 있는가의 의문도 마찬가지다. 『햄릿』은 도덕적 문제나 정치적 문제를 본격적으로 다루지는 않는다. 만약 그런 내용으로 이어졌다면 『햄릿』은 새로운 국면과 구조 그리고 갈등을 지니게 될 것이다. 세익스피어는 『햄릿』에서 도덕이나 정치보다 사랑과 가족의 문제를 근본적으로 다룬다.

　즉, 햄릿이 아버지의 살해자를 죽이게 되면, 그 결과는 어머니가 사랑하는 남자를 죽이는 것이 된다. 아버지의 원수를 갚는 일은 곧, 어머니의 사랑을 없애 버리는 일이 된다. 그래서 햄릿은 고민한다. 큰 갈등이 자신의 내부에서 생성되는 셈이다. 복수를 하려니까 어머니가 울고, 어머니의 사랑을 존중하려니까 아버지가 우는 것이다. 어느 한 쪽을 선

---

2) 햄릿이 자신의 어머니와 작은 아버지가 서로 사랑하여 자신의 아버지를 살해했다는 이야기는 아버지 유령이 나타나 들려준다.

택할 수 없는 상황이다. 갈등의 가운데에 있는 것이다.

허균의『홍길전』에도 갈등은 여러 형태가 있지만 홍길동을 중심으로 한 갈등에는 패악스런 당대의 문제점들에 대한 비분강개가 만들어 낸 갈등이 선명하다. 그런데 칼로 베어 내어야 할 시대의 패악은 공교롭게도 홍길동의 어머니가 순종하는 아버지와 관련된다. 홍길동의 갈등은 햄릿만큼 적극적으로 표면화되어 부각되지 않지만 작품의 구조에서 중요한 역할을 하는 것은 동일하다.

『햄릿』에서처럼 희곡에서는 갈등이 사건을 만들고 주인공이 행동한다. 주인공이 어느 한 쪽을 선택하게 되는 것이다. 어느 한 쪽이라는 것은 다른 쪽이 있다는 것이다. 그래서 어느 한 쪽과 다른 한 쪽이 갈등한다. 그 결과 또 다른 사건이 만들어지고, 멀쩡하던 관계는 꼬이고 엉켜 또 다른 갈등을 만들어 낸다. 이처럼 갈등의 연속이 희곡을 만드는 것이다.

셋째, 희곡과 소설은 모두 개연성과 우연성이 작품 구성의 근간을 이룬다. 개연성은 앞뒤가 서로 객관적으로 잘 연결되도록 한 증거가 있으면서 상호간에 계기성도 분명하다는 의미다. 우연성은 갑작스럽게 혹은 억지로 뭔가가 만들어 졌으면서 객관적 증거도 부족하고 상호간의 계기성도 미약하다는 의미다.

아리스토텔레스식으로 말하면 우연성은 '가망이 없는 가능성(improbable possibility)'이고 개연성은 '가망있는 불가능(probable impossibility)'된다. 흔히, 좋은 희곡의 조건으로 개연성을 우선시하지만 좋은 희곡이 되기 위해서는 개연성과 우연성이 절묘하게 배합되어야 한다.

희곡『오이디프스』에서 주인공 오이디프스는 나라에 한발(旱魃)과 역병(疫病)이 끊이지 않아 그 해결책을 찾으려고 신탁을 받으니 자기가 다스리는 나라 안에 아버지를 죽이고 어머니와 결혼해서 사는 패륜아가 있어서 그런 것이라는 내용을 전달받는다. 그래서 오이디프스 왕은 그 자를 찾아내라고 명령한다. 결국 패륜아라는 다른 누구도 아닌 오이디프스 자신이라는 것이 밝혀진다. 오이디프스가 청년시절 여행 중에 어떤 남자 일행을 죽였는데 그 일행이 바로 자신의 아버지 일행이었던 것이다. 그래서 오이디프스는 그 죗값을 치르고자 왕위에서 물러나고, 자신의 눈을 찔러 장님이 된 채 궁을 떠난다.

오이디프스가 패륜아라는 점을 밝혀내는 과정에 개연성이 있다. 현재의 어떤 사건이 갑자기 생긴 것이 아니라 과거의 어떤 사건에 뿌리를 두고 있다는 점을 보여 주는 것이다. 결과에 대한 원인을 규명하고 그 원인이 그럴듯하게 꾸며져야 우리는 내용을 인정하게 된다. 범인을 찾아내는 과정에 증거가 없으면 즉, 개연성이 없으면 범인을 확정지을 수 없다. 원인과 결과를 연결 지어 상호 계기성이 있도록 하는 것이 희곡에 필요한데 이 계기성이 개연성인 것이다.『오이디프스』는 이런 개연성이 선명하다.

그런데 한편 생각하면, 왜 왕국 불행의 원인이 하필이면 오이디프스인가. 왕이 될 정도의 운명을 타고난 인물이 어찌하여 자신의 아버지를 죽이고 어머니랑 결혼하게 되었는가? 운명은 차지하고라도 아버지를 죽이고 어머니랑 결혼해 사는 일이 가능하기는 한가? 상식적으로 납득

하기 어렵다. 이것이 일종의 우연성이며 전제가 된다.

아리스토텔레스는 『시학(Poetics)』에서, 좋은 희곡의 조건을 시간, 장소, 행동 세 가지 측면에서 논의하면서 가급적 일정한 또는 한 장소에서 사건이 일어나게 하되 해가 떠서 해가 질 때까지의 시간 내에 일어나는 사건을 집중해서 보여줘야 한다고 했다. 그것도 『오이디프스』를 분석하면서 말이다.

사실 오이디프스와 관련된 내용은 그리스에 구비 전승되던 설화라고 할 수 있다. 이 설화 속 주인공이 희곡화되어 연극으로 꾸며진 부분은 오이디프스 자신이 한발과 역병의 주원인으로 밝혀져 스스로 눈을 찌르고 궁을 떠나는 장면의 내용인 셈이다. 즉 가장 극적이라고 생각하는 부분을 희곡으로 형상화한 것이다.[3]

여기서 극적이라는 것이 어떤 의미인지 조금은 해명이 된다. 감정을 가장 고조시킬 수 있는 내용이 극적이라는 점을 알게 한다. 감정을 고조시키기 위해서는 다소 극단적이거나 충격적인 방법을 사용해야 하는 점도 알게 한다.

넷째, 희곡과 소설은 모두 플롯(plot)에 의해 형성된다. 플롯은 작품이 어떻게 구성되어 있느냐 하는 점과 관련된다. 문학이 삶의 반영이라는 언급이나 있을 법한 일을 작품 속에 넣어야 한다고 말할 때 결국 모두가 사실에 근거한 내용이 작품에 투영되는 것이다. 그러나 작품 속에

---

3) 우리의 경우 설화를 극적 장르로 꾸밀 때 구비전승 되는 전부를 형상화하는 데 주력한다. 그러나 가장 극적인 어느 부분만을 극적 장르로 꾸미는 방법을 생각해야 한다. 예를 들어 『춘향전』의 경우 춘향과 몽룡이 만나서 이별하고 재회하는 전 과정을 보여주지 말고, '변사또의 생일날' 하루만 보여 줘도 충분할 것이다.

들어간 것은 사실이 아닌 것으로 변한다. 그 변하게 하는 것이 일종의 플롯으로 이해하면 된다. 사실의 앞뒤를 바꾸고, 없던 것을 만들어 내고, 있던 것을 없애고, 어떻게든 재밌도록 하는 일들이 플롯이 된다. 전혀 사실 아닌 것을 작품화 하는 경우도 마찬가지로 플롯에 의해 만들어진다. 없던 것을 만들어 내는 것이 플롯이기 때문이다.

이상에서 희곡이 문학의 한 형식이라는 점에서 소설과 비교하며 그 특성을 알아 봤다. 희곡에는 서사구조와 갈등이 있으며, 우연성과 개연성이 배합되고, 일정한 플롯에 의해 짜여진다.

이제부터는 희곡과 소설의 차이점을 통해 희곡의 특성을 알아보자.

첫째, 쓰여지는 방식이 다르다. 희곡은 대화체로 구성되고 소설은 서사와 묘사로 구성된다. 소설에 대화가 없는 것은 아니고 희곡에 서사나 묘사가 없는 것은 아니나, 희곡은 대화 속에서 구현되고 소설 속의 대화는 서사와 묘사의 일부이다.

> 기임 : 진실이 뭔데?
> 자앙 : 진실이 뭔지도 몰라?
> 기임 : 모르니까 묻지!
> 자앙 : 진실이란 시험하지 않는 거야. 예를 들자면, 창고 속에서 상자쌓기 같은 거라구. 우리가 이 상자들을 엉뚱하게 쌓아 놓고는 아무 일도 벌어지지 않기를 바란다는 건 진실과 어긋난 거지. 너는 그저 장난으로 그 여자 허벅지를 만져서 사랑이 있는지를 시험해보니깐, 그 여잔 화가 나 고함을 질러댄 거라구.
>
> ― 이강백, 『북어대가리』 중에서

상대를 설득하기 위해 비유적 표현을 사용하는 예다. 서술을 통해 설득의 내용을 드러내는 것이 더 타당한 상황이지만 희곡이므로 대화 안에서 그 내용을 드러내야 한다. 그래서 서술체가 아닌 대화체로 말하게 된다.

'김첨지는 볼이 패이도록 담배를 빨았다'라는 표현과 '겹겹이 펼쳐진 소백산의 나지막한 등성이들이 한 눈에 들어왔다'는 표현에는 줌인, 줌아웃 이상의 효과가 나타난다. 희곡에서는 이러한 표현이 무의미하다.

대화체라는 단어는 크게 두 가지 중요한 의미를 갖는다.

첫째, 희곡의 내용이 등장인물들의 대화에 의해 전개된다는 것이다. 앞서 언급했던 서사구조, 갈등, 우연성, 개연성, 플롯 등이 대화의 연속 속에 녹아 있게 된다.

또 하나 중요한 것은 무대지시문과 관련된다. 무대지시문은 무대의 모양이나 배우의 움직임, 조명, 음향, 효과 등을 지시함으로써 등장인물의 대화를 통해 부족한 부분을 메워 희곡의 내용을 풍부하게 한다. 그래서 연극으로 공연될 경우, 무대지시문은 중요해 진다. 그렇다 하더라도 무대지시문에는 문학적 수사가 들어가면 곤란하다. 대화 속에는 문학적 수사가 얼마든지 들어 갈 수 있으나 무대지시문에는 문학적 수사가 들어갈 필요가 없으며 들어가서도 안된다. 왜냐하면 무대지시문은 연극으로 공연될 경우에 변형되는 정도가 심하기 때문이다. 희곡에 제시된 무대지시문은 연극으로 공연될 때 완전히 무시될 수도 있고, 전혀 새로운 내용으로 바뀔 수도 있다.

무대지시문에 작품의 배경이 '화려한 황금장식이 가슴을 울렁거리게 하는 침대와 역대 왕의 감동적인 사진이 장대하게 걸려있는 왕의 침실'이라고 되어 있을 경우, 가슴을 울렁거리게 하는 황금장식은 어느 정도이며 감동적인 사진은 어떤 모습이고, 장대하게 걸려 있다는 모양은 어떤 모양인지 알기가 어렵다. 무대지시문과 똑같이 무대를 만들어 공연할 수도 있지만, 아무 장치도 없는 빈 무대를 왕의 침실로 가상하여 공연할 수도 있다. 공연상황에 따라 무대지시문의 내용은 그 변형의 정도가 심해지는 것이다. 그래서 수사학적으로 지나치게 장식적인 표현의 무대지시문은 의미가 없다. 무대지시문은 객관적 설명이면 족하다. '왕의 침실. 화려한 침대. 주변에 역대 왕들의 사진이 걸려 있다' 정도면 충분하다. 문학적 수사가 필요하다면 대화 속에서 구현시켜야 한다.

둘째, 희곡에는 줌(zoom)과 편집이 없다. 엄밀히 말해, 소설에도 줌과 편집이 없다. 그러나 소설의 자유스런 묘사를 생각해 보면 소설에는 줌인 줌아웃도 있고 편집 이상의 것도 있다.

그러나 희곡에서는 특정 부분을 확대해 보여주거나 보이지 않는 부분을 카메라가 들어가서 속을 보여주는 방식의 시점 이동은 없다. 연극 공연에서는 무대에 일차적으로 보이는 상황 안에서만 공연이 이뤄진다. 희곡에서는 카메라가 이동하듯 시선을 변화시키는 표현은 의미가 없다.

셋째, 희곡의 시제는 현재형이다. 현재형이라는 의미는 희곡 속의 내용이 현재시점에서 진행된다는 의미이며 공연의 복제 불가능성, 공연의 일회성을 내포한다.

과거의 사건을 소재로 하였든, 미래의 사건을 소재로 하였든 모두, 현재 상태에서 진행되고 있는 것이다. 그래서 희곡 속의 모든 일은 관객이 보는 현재 시점에서 진행되도록 설정된다. 희곡의 시제가 현재형이라는 점과 연극의 복제불가능성, 공연의 일회성은 어떻게 연결되는가. 이는 희곡이 연극으로 공연되었을 상태를 전제로 하는데 연극 공연은 현재 상태에서 진행되기 때문에 현재 이외의 시간은 핵심적이 않다는 것이다. 인쇄된 책은 판형변화만 없으면 수만 권이 동일하다. 하지만 연극은 미세한 차이라도 동일한 공연은 없다. 같은 내용의 공연이 이어지지만 조금의 차이가 생긴다. 배우의 시선, 호흡, 대사를 주고받는 시점의 차이, 관객의 반응에 따른 진행의 호흡의 변화 등을 고려하면 공연은 미세한 부분에서라도 차이가 나타나는 것이다. 그래서 연극은 복제가 불가능하다. 녹화를 하더라도 그것은 기록일 뿐 연극은 아니다.

공연의 일회성이라는 말은 매회 공연의 중요성을 의미한다. 잘 된 공연이 있고, 그렇지 않은 공연이 있을 수 있다. 그렇지만 한 회 한 회의 공연 모두가 소중하고 의미 있으며 그것으로 완성된다는 뜻이다. 그래서 연극 관람을 했을 경우 같은 내용의 공연이 어제도 있었고 내일에도 있을 수 있지만 세상에 다시없는 유일한 예술작품을 관람한 것이 된다. 그래서 공연의 복제불가능성과 공연의 일회성은 공연예술장르의 숭고한 면을 부각시키는 것이다.

넷째, 희곡은 가시적 상황을 제시하고 소설은 전지적 상황을 제시한다. 가시적 상황이라는 점은 공연할 때 보이는 장면 변화에 한계가 있다는 의미이고, 전지적 상황이라는 점은 소설에 등장하는 배경 장면의 변화가 자유롭다는 의미다.

희곡을 읽는 입장이 아니라, 희곡을 창작하는 입장에서 생각해보자. 등장인물의 나이, 성별, 키, 고향, 좋아하는 색깔, 사는 곳, 친구 이러한 것을 먼저 가정하고 이에 근거하여 인물을 창조해 보는 것이다. 그러면 정해 놓은 몇 개의 조건 안에서 인물이 말하고, 주변에 반응하는 것을 느낄 수 있다. 한 명만이 아니라 서 너 명의 인물조건을 만들어 놓고 그 인물들 사이에 어떤 사건을 개입시키면 인물들의 행동이 어떤 조건 안에서 움직이는 것을 더 분명히 알 수 있다.

게다가 희곡은 공연을 전제로 하며 희곡 고유의 특성으로 언급한 대화 중심으로 내용이 전개되는 점, 줌과 편집이 없는 점, 현재형으로 진행되는 점까지 고려하면 등장인물은 제한된 조건 안에서 행동하게 됨이 분명해진다.

희곡의 등장인물이 주어진 조건 안에서 제한적으로 움직인다 하더라도 행동 자체가 구속적인 것은 아니다. 우연성의 개입이나 독특한 상상에 의한 플롯에 의해 등장인물은 자유롭게 행동할 수 있다. 그렇지만 상상을 통해 자유로이 공간이나 배경을 넘나드는 소설에 비해서는 그 자유로움이 제한된다.

가시적 상황을 제시한다는 점은 공연가능성 여부와 관련된다. 희곡도 신출귀몰, 호풍환우하는 내용을 만들 수 있지만 공연화하기 위한 현실성은 이런 장면일수록 떨어질 수 있다. 무대에서 만들어지는 과정을 거치기에 이는 쉽지 않은 숙제를 안긴다. 보통 어떤 내용이라 하더라도 연출에 의해 다듬어지고 조정되어 무대화하는데 아무 문제가 없을 수도 있지만, 내용에 가감이 많아지면 원작의 의도와 흥미가 줄어들 수 있다. 그래서 가시적 상황 제시 조건에 맞는 희곡, 즉 공연 가능성 여부를 고려해야만 희곡의 특성에 부합하는 것이다. 이런 공연가능성과는 무관하게 작가가 갖고 있는 상상력을 대화체의 희곡언어로 구사된 희곡형태를 특히 '레제드라마'라고 따로 호칭하는 것은 무대화되지 않는 희곡이 본래의 의미와는 다르다는 것을 의미하기에 그런 셈이다.

희곡은 대화체로 된 문학형식으로 연극 등의 공연물에서는 대본역할을 한다. 문학이라는 점에서는 소설이나 시의 모양과 닮은 점이 있으며 대화체로 된 대본이라는 역할 면에서 희곡은 뮤지컬이나 방송대본, 시나리오, 기타 공연물 형식과 닮아 있다. 그런 점에서 희곡은 여러 대본양식의 근간이 되기도 한다.

희곡에는 연극공연의 전체적 내용이 들어 있다. 등장인물이 몇 명이며 이들 인물은 서로 어떤 관계로 얽혀 갈등하게 되는가의 내용이 희곡에 들어 있는 것이다. 희곡을 건축에 비유하면 설계도가 된다. 설계도에는 건물의 층수, 계단의 위치 등이 들어간다. 설계도를 바탕으로 공사를 진행할 때 건물표면은 어떻게 할 것이며 내부공간 배치는 어떻게 할 것이며 색깔은 무엇으로 할 것인가를 정하게 된다. 희곡이라는 설계도가 완성되고, 공연을 할 때 캐스팅은 어떻게 할 것이며, 의상의 모양과 색깔, 조명의 색깔과 위치, 무대장치의 모양 등은 공연과정에서 논의되고 완성된다. 이처럼 희곡은 공연작품에 있어 근간이 되는 것이다.

결국, 시인이나 소설가가 독자를 개개인으로 생각하는 데 비해, 극작가는 항상 관객을 집단이라고 생각한다. 더 나아가 연극이 사회적 활동이라면, 시나 소설을 읽는 일은 대부분 개인적인 활동이다. 시인은 개별 개인과 작품을 통해 자신의 생각을 교류한다면 극작가는 무대라는 공간을 통해 배우가 말하는 대사로 관객과 만난다. 즉, 시인은 자기 목소리를 낼 수 있는데 비하여, 극작가는 자신의 생각을 극중 인물을 통해 전달할 수밖에 없다. 시인은 직접적으로 독자를 향해 얘기하지만, 극작가는 배우들을 통해 한번더 걸러진 이야기를 건넬 수 밖에 없다. 그래서 연극은 시나 소설에 비해 간접적이고 객관적인 예술이라고 할 수 있는 것이다.

2) 연극과 영화

21세기는 드라마의 매체가 엄청나게 확대되는 바야흐로 '드라마의 시대'이다. 사실 1960년대 영화산업이 발전하면서부터 문학의 시대는 저물고 영상의 시대 혹은 영화의 시대가 도래되었다고 A.하우저는 그의 저서 『문학과 예술의 사회사』를 통해 천명하였다. 영화나 TV 드라마는 연극에서 파생된 장르로서 넓게 보면 '극예술'의 분야에 들어간다. 말과 행동으로 이야기를 보여주는 장르라는 점에서 우선 공통점을 찾을 수 있다.

영화는 20세기 초 사진술, 기계 복제술 같은 테크놀로지의 발전으로 등장했다. 그런데 초창기의 영화를 만든 사람들이 주로 연극 연출가들과 사진들이었다는 점을 주목하면 영화와 연극의 친연성을 확인할 수 있다.

그러나 영화는 여러 면에서 연극과 다르다. 첫째, 영화는 연극의 현장성을 갖지 못한다. 배우와 관객의 상호관계는, 영화와 연극을 구별하게 해 준다. 우리는 영화관에 가면 어두운 실내에서 빛의 이미지로 채워진 화면을 바라본다. 우리는 스크린을 통해 전달되는 배우의 이미지에 반응을 하게 되는 것이지, 배우의 현실적인 실체를 접하는 것은 아니다. 영화는 직접 예술이 아니다. 영화 관객은 배우의 살아 있는 육체를 경험하지 못하고 영화배우도 관객의 즉각적인 반응을 경험할 수 없다. 원래 연극은, 배우가 어떤 의미에서 사제나 신도가 되고 관객이 일종의 성찬식에서 배우와 함께 참여하게끔 이끌려가게 되는 공동의식으로서 사람들을 하나로 단결시키는 기능을 하였다. 배우와 관객이 혼연일체가 된다는 것은, 단지 관객이 연기자라고 하는 개인적인 존재를 체험한다는 말이 아니라, 연기자들도 관객이라는 존재를 체험한다는 것을 말한다. 연기자들도 관객의 존재를 인식하고, 관객에게 말을 건네고, 관객과 함께 움직인다는 말이다. 관객은 극의 동반자가 되며, 연극의 구조를 만든다. 영화는 이미 모든 제작이 끝난 상태에서 보여주는 것이라 어떤 식으로든 관객의 반응에 답할 수 없다. 영화에서는 배우가 관객의 소리를 듣거나 관객의 존재를 느낄 수 없으며, 관객이 생생하게 반응하는 그 어떤 것도 중요하지 않다.

둘째, 영화는 '카메라의 눈'으로 포착한 행동만을 보여준다. 관객은 연극에서 무대 전체의 모습을 볼 수 있으며, 전체 중의 일부를 선택해서 볼 수 있다. 하지만 영화나 TV 드라마 같은 영상 예술은 감독에 의해 편집된 필름만을 관객에게 보여준다. 카메라의 눈은 한 가지를 근접해 보고, 한 가지만을 볼 수 있다. 이에 비해 연극 무대에서는 관객의 눈이 한꺼번에 여러 개의 인상을 받아들일 수 있다. 영화는 클로즈업 시킨 입맞춤을 통해 사랑을 암시하기도 하고, 눈물 젖은 뺨을 이용해 비통함을 암시할 수도 있다. 영화는 인물의 심리나 감정 상태를 표현하기 위해 클로즈업과 같은 표현기법을 사용할 수 있지만, 연극에서는 오직 배우의 표현력에 의존할 수밖에 없다. 무대 위의 모든 행동은 관객에게 그대로 노출되며, 배우들은 '발가벗겨진 채' 무대 위에 놓여 있는 것이 된다. 영화가 흔히 '감독의 예술'로 불리는 반면, 연극이 '배우의 예술'로 불리는 것은 이런 의미에서이다.

셋째, 영화는 화면의 편집을 통해 감독의 의도를 관객에게 직접적으로 전달한다. 연극은 극의 진행 시간에 따라 사건이 전개될 수 밖에 없지만, 영화는 감독의 의도에 따라 어떤 길이의 필름을 특정 시점에서 잘라 다른 필름에 연결시킬 수 있다. 그 유명한 러시아의 푸도킨(Pudovkin) 감독이 배우의 얼굴과 국그릇을 번갈아 보여 주어 관객이 이 남자가 굶주리고 있다고 믿게 하는 경우와 같이, 영화 감독은 하나의 개념을 다른 개념과 연상시키도록 조직할 수 있다.

넷째, 영화는 다른 어떤 감각보다 시각성에 크게 의존하는 매체이다. 연극에서는 스펙타클도 중요하지만, 그만큼 관객의 귀에 들리는 청각적인 것의 존재도 매우 중요하다. 셰익스피어의 극은 대부분 운문 드라마인데, 그의 시적인 이미지들은 관객들의 상상력을 한껏 풀어놓는 장기를 가지고 있다. 반면에 영화의 시각성은 관객들의 무한한 상상력에 비할 때, 사진처럼 구체적이고 제한적일 수 밖에 없다. 아주 쉽게 이해하면 영화를 소리를 들리지 않게 하고 한번 본 경험이 있다면 그다지 영화를 이해하기에 어렵지 않았다는 사실을 발견했을 것이고 이것이 시각성에 얼마나 의존하는 것인지 알려준다는 점에서 그렇다. 반면 시적인 드라마의 경험은 영화에서는 흩어지기 쉽다. 우리가 세익스피어의 작품을 영화화 한 것을 보기가 편하지 않은 것도 같은 맥락에서 이해할 수 있다. 영화적인 상상력보다는 문학적인 상상과 감정의 표현을 공감해야만 그 재미를 찾을 수 있기 때문이다. 가끔 이런 맥락을 연장하면 예술 영화에서 연기자들의 연기와 표현이 극도로 자연주의적인 드라마의 제한적인 연기와 구술을 요구하곤 하기에 일상적이지 않게 느껴지기도 한다.

3) 영화와 TV 드라마

영화와 TV 드라마는 영상예술이라는 점에서 유사하지만, 연극과 영화가 '관중' 앞에서 보여지는 '집단 체험'인 데 반하여 TV 드라마는 개인적으로 향유한다는 점에서 구별된다. TV 드라마는 가정에서 개인적으로 보는 것이다. 어두운 조명 아래에서 예술 체험을 위한 마음의 준비를 하고 집중하여 볼 수 있는 극장과 달리 TV를 시청하는 가정환경은 산만해지기 쉽다. 그래서 TV 드라마는 시청자의 시선을 끌 수 있는 선정적이고 폭력적인 내용을 빈번히 다루곤 한다. TV 드라마의 관객은 불특정 다수이기 때문에 높은 시청률을 확보하기 위해서는 평이하고 대중적인 작품을 만들어 내게 된다.

둘째, TV 드라마는 공공 매체이기 때문에 기성 가치에 도전하는 작품을 추구하기 어렵다. TV 드라마에서 다루는 내용은 우리 사회의 표준적인 가치를 따르기 때문에 새로운 시대의 가치를 표현하기 어렵다.

셋째, 텔레비전은 영화보다 클로즈업을 자주 사용하는데, 너무 많은 클로즈업 사용으로 화면을 가로지르는 움직임이 느려지고, 배우들이 한데 몰려 있어서 연극 무대의 동작과 몸짓이 불가능해진다. 무엇보다도, 동시에 사용하는 카메라의 숫자가 제한되어 있기 때문에 텔레비전에서 가능한 라이브 커팅의 횟수는 한계가 있으며, 영화의 실감나는 편집은 거의 불가능하다.

넷째, 텔레비전이라는 매체에서 판타지나 익살극의 비현실성은 부적절해 보이며, 일상적인 삶의 소재를 흔히 다룬다. 텔레비전은 일상생활 속에서 쉽게 접할 수 있는 친밀한 매체이며, 클로즈업된 배우는 시청자 개인을 상대로 말하는 것처럼 느껴진다. 텔레비전 드라마에서는 연극 무대에서는 아무 비중이 없는 가정의 작은 소재들이 가장 잘 맞는다. 텔레비전에 잘 맞는 극은 극중 인물의 수가 적고 군중 장면이 없는 극, 완전히 자연주의적인 대화와 삶을 소박하고 자연주의적으로 다룬 극이라고 할 수 있다.

이상에서와 같이 공연에 대한 기본적인 시각은 시대를 넘어서 유지되었으며, 이를 토대로 무대에서의 공연은 관객들에게 꿈과 환상을 통해 사람을 이해시키는 하나의 중요한 교육적 가치 역시 지니게 된다. 따라서 공연을 통한 시대의 이해와 시대정신에 대한 탐구는 가치 있는 일이며, 인문학적 탐구의 대상이 된다. 적어도 무대를 통한 인간의 탐구와 해석은 우리에게 어떻게 살 것인가라는 질문과도 통하고 당대(當代)의 문제에 대한 해석적 관점이기도 하다. 개화기 문화의 공연문화를 살피는 것은 바로 이런 맥락에서 의미가 있으며 중요성이 내재 되어 있다고 볼 수 있다.

4. 공연문화의 흐름

우리에게 공연문화는 일종의 연회라는 개념으로 이해되었다. 흔히 연회는 전통적인 놀이문화의 맥락에서 전승연회로 불렸으며, 음악이 기본이 되고 노래와 춤과 재담과 연기로써 표현된다.[4] 그렇기에 공연예술을 말하는 것은 이런 기본적인 개념에 더하여 새롭게 더해진 기악, 성악, 무용, 연극, 각종 기예가 총체화된 예술로 이해되는 것이며, 서양과는 다르게 늦게 분화 발전된 까닭에 개념적인 정리가 여전히 미흡한 바가 많다.

공연예술은 연회에 대한 현대적인 개념이고, 우리나라에서 사용되는 다양한 표현들은 전승되는 여러 놀이형태를 포괄하고 있으므로, 개화기 시대의 공연문화에 대한 이해는 이처럼 다의적인 의미로 사용되는 용어들을 총괄하는 말로 사용된다. 그렇기에 현재 연예라는 개념은 전승예능과 예술 및 연회를 포함하고 있으며 동시에 현대의 모든 공연예술을 범칭하는 개념으로 사용되는 것이다.

---

4) 서연호, 한국공연예술개론1, 연극과인간, 2015, p.29.

우리나라에서 공연예술에 대한 의미를 드러내는 말로는 김부식의『삼국사기』에 한가위놀이를 소개하는 대목에서, 신라의 부녀자들이 노래와 춤과 온갖 짓을 다했다는 기록이 전해지는데, 그것을 가무백희(歌舞百戲)라고 칭하며『고려사』에서도 궁전이나 거리에서 온갖 연희가 베풀어지는 것을 백희(百戲), 잡희(雜戲)라고 하며 매년 왕가와 나라의 액운을 물리치는 행사로 나례희(儺禮戲)가 행해졌음을 전하고 있다. 조선시대에는 산대(山臺)에 대한 기록이 나온다. 산대는 고려시대 불교행사에서 전래된 것으로 신선이 산다는 산을 연상한 조형물을 만들고, 그 산에 온갖 진귀한 인물상이나 보물을 장식하고 꾸민 것을 산대라고 칭했다. 더구나 이 산대를 배경으로 그 앞에서 온갖 연희를 공연했고, 이를 통칭하여 산대희라고 한다는 사실을 설명하고 있다.[5] 하지만 가장 원형적인 신화의 개념에서도 충분히 놀이문화에 대한 의미를 찾아볼 수 있다. 단군신화 속에서도 잘 알려진 바와 같이 웅녀가 신목 아래서 아이를 갖고 싶다고 '빌었다'는 의미와 가락국기 신화에서도 <구지가>를 통해 전래되는 바와 같이 '춤추고 노래하였다'라는 구절은 모두 어떤 행위를 통한 기원을 의미한다고 할 때, 그것이 의미하는 바는 현대적인 의미에서는 모두 공연이라는 말로 귀결될 수 있다.

이런 신화적인 양상으로 시작된 공연의 모습은 점차 세련된 형식을 갖춘 전승연희의 요소를 갖게 되고, 다양한 형태로 변화하면서 전달되었다. 구석기 시대의 유물로 추정되는 강원도 양구 상무용리에서 발견된 석제인면상이나 신석기 시대의 유물로 확인된 조개가면 등은 모두

---

5) 서연호, 전게서, p.30.

탈 혹은 가면과 같이 익숙한 얼굴을 감추고 새로운 얼굴이나 형태를 통한 변신의 효과를 기대한다. 인형이나 변신을 추구하는 가면(탈)의 등장 역시 공연과 밀접한 관련을 갖고 있음이 분명하다. 이런 변신은 풍속과 밀접한 관련을 유지하면서 제천이나 제묘를 통한 의식 등을 드러낸 것으로 확인되고 있다. 잘 알려진 영고, 무천, 삼한의 제사 방식 등은 모두 공연의 원형을 나름대로 설명하고 있다. 더하여 불교가 전래되면서 같이 전해진 기악이라는 형태의 불교의례는 또다른 의미에서의 공연의 양상을 드러낸다. 동북아시아나 인도에서 중국을 거쳐 우리나라에 전래된 이런 불교 형식의 기악은 공연의 내용이나 형식에 있어 풍부한 자산으로 전해진 양식이라는 점에서 앞서 국가적인 제례와는 다른 양상의 공연이었을 것이라는 점이 분명하다. 그렇기에 탈춤을 비롯한 여러 가지 새로운 악기와 공연양식, 공연형태가 존재했고, 이런 내용이 우리나라 전승 연희의 여러 형태 속에 존재한다는 사실을 알게 된다.

이를 종합하면, 우리나라에서 공연예술이라는 것은 과거부터 행해져오는 전통적인 놀이를 총칭하는 개념으로 사용하고 있으며, 가무백희, 백희, 나례희, 산대희, 잡희, 잡기, 잡극, 기예, 산희, 야희, 연극 등은 모두 이 범주내에서 이해될 수 있는 말들인 것이다. 그러므로 한자로 기록된 이 같은 언어표현과 더불어 '굿'과 '놀이'로 표현된 내용도 여기에 포함시켜야 하고, '놀음'이라 지칭된 내용 역시 전승연희의 한 부분을 담당한 것으로 이해할 수 있다.

개화기 시대의 공연문화와 계몽의 파레시아

연극에 대한 기원은 차치하고라도 연극적인 발상에 있어 우리나라는 기본적으로 새로운 볼거리 혹은 쉽지 않은 볼거리라는 관극 위주의 개념으로 연극적인 내용을 받아들였다. 이는 광대 중심의 연희자에 대한 긍정보다는 오히려 일반인들이 하기 힘든 어려운 기술을 가진 사람들이 가진 기예에 대한 호기심 그 이상을 넘지 못하는 경향이 크다. 그렇기에 광대에 대한 기본적인 사회적 위치가 남들과 차별되는 부분은 있지만 그 이상을 넘어서지 못하는 것이 같은 맥락에서 이해될 수 있다.

이런 까닭에 연극적인 행위는 다양한 표현에도 불구하고 거의 특수한 계층에서 시도하는 기술과 그 전승적인 내용으로 전해진 것이며 이에 대한 구체적인 언급 역시 크게 중요시되지 않은 이유이기도 하다. 연극적인 발상과 훈련이라는 측면에서 조선의 유학은 별로 도움이 되지 않았으며 유학적 입장에서의 '공부'는 연극적 수련과는 그 거리가 멀었다.

근대 새로운 문물을 받아들이면서 시작된 새로운 풍경과 환경의 조성으로 연극 역시 자극을 받고 변화의 움직임을 갖게 된다. 이런 변화의 요소를 이해하는 것은 근대적인 상황과 환경에서 연극적 발상과 연극적 태도의 양상을 이해하는데 중요한 요인이 된다. 그리고 그 기반을 추론하는 데에도 중요하다.

근대 연극의 문화적 기반은 일본연극의 상륙에 의해 직접적인 영향을 받은 점과 통감부 설치 이후 문화정책의 변화로 인한 환경조건의 변모, 그리고 한국내에서 극장의 설립으로 인한 공연활동의 빈도 증가, 상류계급과 신식 교육을 받은 학생층이 신층 관객으로 유입되면서 이들을 위한 공연활동의 증가를 나열할 수 있다. 또한 개화사상이라는 신사상의 유입으로 연극이라는 문화에 대한 인식의 변모, 당시의 언문일치운동과 소설의 인기가 연극에도 새롭게 자극을 주었다는 점도 중요하다. 더구나 이런 여러 요소들이 결합된 공연내용 혹은 대본이나 극본의 필요성이 대두된 점 역시 같은 맥락에서 중요하다.

1876년 개항을 한 이후 외인들의 거주가 늘어나면서 이들에 의한 문화전파나 문화유입은 눈에 띄게 늘어나게 된다. 특히 일본인 거주지와 중국인 거주지를 중심으로 일인과 중국인을 위한 문화 시설과 문화 유입은 마치 먹거리의 유입과 주거환경의 변화와 같이 자연스럽게 이루어지는 현상과 같다. 이들의 주거지와 상업권의 확대를 위한 홍보나 위로공연은 우리에게도 자연스럽게 공개되고 자극이 되면서 활발한 문화교류의 현장이 된다.

1882년 조청상민수륙무역장정이라는 다소 긴 조약에 의해 청국의 상인들은 합법적으로 우리나라의 수도인 한양에서 무역을 할 수 있게 됨에 따라 그들을 위한 홍보와 거리공연으로 사람들을 유인하기 위한 수단으로써의 거리공연이 자주 열리게 된다. 특히 공연활동으로 유명한 것들은 주로 마술과 곡예, 곰놀이(熊戱)라고 알려진 가면극이었다. 이런 공연들이 인기를 끌면서 청인들을 위한 극장이 설립되게 된다. '창극관'으로 알려진 극장은 1890년대에 수표교 근처에 설치되는데 이 극장이 설립되자 우리나라 사람들도 많이 관극을 하면서 연극을 즐긴 것으로 알려져 있다. 주로 전통적인 연극형태인 경극의 스타일을 공연하면서 인기를 끈 것으로 알려진 공연은 우리나라 연극적인 부분에 자극을 준 것은 틀림없을 것이다. 왜냐하면 우리의 연극적 형태는 주로 하기 힘든 재주로서의 몸짓과 특출난 기예에 기댄 것이 많지 이렇게 극장을 통해 정리된 형식의 이야기구조가 아니기 때문이었다. 이야기구조를 중심으로 진행되는 것은 판소리나 전기수가 읽어주는 소설이 전부였던 반면 중국의 경극은 일정한 행위와 언어가 서사구조를 가지고 전개되기 때문에 극적 효과가 더욱 컸다는 점에서 지금까지의 우리 문화와는 사뭇 달랐다고 볼 수 있다는 점에서 그렇다.

더구나 일본인 거주지를 중심으로 들어온 일본 문화 역시 우리의 것과는 달랐다. 소규모집단으로 행하던 거리에서의 볼거리 중심의 연극은 점차 규모를 키워가면서 연극적인 내용까지도 포함하게 된다. 특히 일본의 새로운 무대연극인 신파극은 연극적인 측면에서 나름대로 우리 문화에 충격을 준 것으로 알려져 있다. 새로운 극장문화에 대한 이해나 성립에 영향을 주었고, 무대를 통한 행위예술로서의 가치에 대한 인식을 도와주는 데 생각의 새로움을 전해주었다. 이런 무대를 통한 공연예술의 인식은 우리 판소리를 창극으로 변모시키는 데 중요한 구실을 한 것으로 평가할 수 있다. 또한 그나마 사실적인 이야기를 통해 일종의 시대적인 계몽정신이나 대중적인 오락으로써의 기능을 제공한 점도 무시할 수 없다. 이야기의 흐름에서 전달되는 사실적인 면의 부각과 현실에 대한 논리적인 접근은 우리의 전통적인 이야기와는 다른 각도에서 관객들에게 흥미 있는 내용을 선사한 것이었고, 이는 적어도 새로운 문제에 관한 인식을 하는 데 기여한다. 그리고 무대를 통한 극적 행동과 재미를 통해 사건이 해결되는 과정을 통해서 상상력과 오락적인 면이 강조된 것 역시 틀림없다.

이런 일련의 사항에 대한 인식적인 변화는 무대에 대한 생각을 새롭게 각성하게 만들고 형식적인 면에서도 창극이나 국극의 시도로 이어지게 된다는 점에서 문화가 주는 작용과 확산이라는 면에서 의미가 있다.

개화기 시대가 주는 문화적 특이성은 이것이 자생적인 면과 이식적인 면이 혼재하여 드러나고 이런 과정 속에서 전후맥락은 생략된 채 양상만이 존재하는 과정으로 태어났다는 점이다. 우리 문화에 대한 인식이 점차 확산되는 추세에서 전승연희적인 측면으로서의 판소리나 광대극이 마을을 중심으로 자생적인 활동을 이어나간 반면, 새로운 문화의 소개는 거류민을 중심으로 그들을 위무하는 형식으로 우리가 초청한 것도 아니면서 외국 공연문화가 그들을 중심으로 소개되는 편이었다. 이런 소개를 통해 새로운 문화적 갈망을 염원하던 인물들은 자발적인 태도로 이 문화를 수용하면서 향유하였고, 공연관계자들은 이들의 입소문을 중심으로 호기심을 증폭시켰다. 이런 과정으로 말미암아 개화기 시대의 공연은 다소 혼란스럽게 시작되었고, 자연스러움보다는 새로움에 대한 강박증과 선점의식이 묘하게 얽힌 태도로 외국의 공연 문화에 대한 접근을 조심스럽게 시도한 것으로 확인된다.

1. 개화기 극장과 공연 : 관념의 파레시아

조선의 극장은 주체적으로 발전했다기보다는 새로운 문명에 대한 호기심과 기대감에서 출발하였다. 초기의 극장은 전기의 발전과 맥락

황성신문

을 같이 하는데 우리나라에 전기가 보급된 것이 1899년이고 이후 1902년 궁궐 안에 외교사신과 행사를 위한 공간으로 극장이 설립되게 된다. 처음의 극장은 협률사로 명명되어 설립하였다.

협률사(協律社)는 장봉환의 주재 하에 군악대 운영을 위해 출자한 고종의 내탕금(內帑金) 4만원에 일부 관료들이 자본을 출자하여 설립되어 1902년 10월부터 소속 창부(唱夫)들을 대여해 주는 공연 기획의

영업을 시행하였다.6) 이렇게 영업하던 협률사는 1902년 12월 최초의 대중 공연으로 '소춘대유희(笑春臺遊戲)'를 개최하였다. 이 소춘대유희 는 특정한 작품의 이름이 아니라 기녀들의 춤, 판소리, 명창들의 소리, 재인(才人)들의 무동(舞童)춤 등이 복합된 연희를 일컫는 것이었다.

> 本社에서 笑春臺遊戲를 今日 爲始ᄒ오며 時間은 自下午六點으로 至十一點ᄭ 지요 等票는 黃紙 上等表에 價金이 一元이오 紅紙 中等表에 價金 七十錢이오 靑紙 下等表에 五十錢이오니 玩賞ᄒ실 內外國 僉君子 照亮來臨ᄒ시되 喧譁와 酒談과 吸煙은 禁斷ᄒᄂ 規則이오니 以此 施行ᄒ심을 望홈 (『皇城新聞』, 1902.12.4.)

황성신문의 주최로 개최하게 되는 '소춘대유희'는 기본적으로 전승 연희적인 공연형태로 이해된다. 주로 광대극을 중심으로 기생연합에 서 배우들을 동원하여 보여주는 공연의 양상은 유교적인 관념 아래에 서 유지되는 공연에 대한 일반적 생각에서 출발한다. 즉 연극과 같은 공연은 무지하고 천한 광대들의 몫이고, 도덕적으로 일탈된 내용을 주 로 보여주며, 청소년들을 선동하여 학업과 노동을 기피하게 하는 낭비 적인 유희이므로 멀리하거나 혹은 없어져야 할 퇴폐적인 것이라는 관 점이다. 이는 개화기에도 여전히 유지되는 고래로부터의 인습적인 사 고였다.

그렇기에 이런 광고가 등장한다는 사실은 인식의 변화가 어느 정도 시작되었는지 보여주는 좋은 사례인 셈이다. 더구나 극장의 좌석을 중 심으로 입장료가 다른 것은 무대에 등장하는 기예나 소리꾼을 중심으

---

6) 『황성신문』, 1902.10.31.

로 한 광대(기생)가 보여주는 공연적인 성과가 나름대로 존재한다는 사실을 입증한다. 즉, 잘 보이면서도 기예를 체감하기 좋은 위치의 자릿값은 그렇지 않은 자리에 비해 두 배의 가치를 주어야 했다. 결국 이런 복합된 연회를 통해 개화기 극장의 공연은 시작되었으며, 이를 통해 문화적인 새로움을 가미하기 위한 노력이 시작되었다고 인정할 수 있다.

더구나 복설(復設)된 협률사는 재개관부터 궁내부를 사칭한 영업에 대한 강한 비판에 직면하였고, 일본계 자본이 관여한 극장이라는 사실이 알려지자 본격적으로 협률사 혁파에 대한 논의가 제기되었다. 협률사 비판의 주요 논리는, 일인(日人)계 자본의 운영과 궁내부를 사칭한 영업방식, 민풍폐속의 풍기문란이었다. 이러한 협률사의 활동과 관련하여 신채호는 「警告協律觀者」(『황성신문』, 1906.4.18.)에서 "무릇 애원하는 소리는 원래 망국의 유풍이오 음탕한 놀이는 곧 그릇된 사람의 첩경이라."는 서술로 『시경』의 유명한 정성(鄭聲)론을 펴 협률사의 극장 연회를 비판하였다.[7] 이러한 전통유학론의 협률사 비판론에 부응하여 봉상사(奉常寺) 부제조였던 이필화(李苾和)가 1906년 4월 17일 협률사의 혁파 청원이 담긴 상소문을 올리자 경무청에서 협률사의 불법 영업을 단속하게 되었다. 결국 1906년 12월 하순 경, 더 이상의 수지 악화를 견딜 수 없어 협률사는 자진 폐관하게 된다. 이후 협률사의 영업은 종료되었으나 희대에서의 극장 영업은 관인구락부의 이름으로 이어지게 된다. 또한 극장을 이후 이인직 등이 인수하여 재개관하면서 원각사라는 이름으로 바꿔 공연장으로서의 기능을 유지하였다.

---

7) 『대한매일신보』, 1908.11.8.

재개관은 1907년 2월 조직된 관인구락부(官人俱樂部)에서 1907년 11월, 복설(復設)되었다가 활동이 중지된 협률사에 연회장을 꾸미며 기생 연회를 공연하고, 변사가 동원된 활동사진을 상영하기도 하였다. 이 연회장의 연회 활동은 1908년 1월 중지되었고, 이후 대한협회의 회합 및 연설회, 자선부인회 행사 등 다양한 용도로 7월까지 사용되다가 원각사(圓覺社)로 재편된다.

원각사

원각사는 김상천, 박정동, 이인직의 주도로 창부와 기생 모집을 거쳐 1908년 7월 26일부터 공연을 시작하였다. 다른 조선인 대중극장들이 주로 전통연희의 공연 활동에 중심을 두었다면, 친일 자본을 토대로 운영된 원각사에서는 연극개량론에 근거한 '신연극'의 공연을 의도하였다. 이 당시 이미 <춘향가>나 <심청가> 등의 판소리 레퍼토리들의 창극화 시도가 이루어지고 있었기 때문에 원각사에서는 이들과도 다른 새로운 내용의 공연을 선보이려고 하였다. 이 최초의 작품이 이인직의 소설 <은세계>의 공연이었다.

원각사는 수용인원 5~6백 명 정도의 중극장으로 회전식 무대에 외형은 원형의 붉은 벽돌의 2층 구조로 되어 있었다. 원각사는 1908년 11월 이인직의 <은세계> 공연을 시작으로 주로 창극을 공연하였는데, 1912년 3월 문수성의 신파극 <불여귀(不如歸)>를 공연하기도 하였지만, 1912년 9월 건물의 노후(老朽)로 인가 취소되어 폐관되고 만다.

① [小說演劇] 大韓新聞社長 李人稙氏가 我國演劇을 改良ᄒᆞ기 爲ᄒᆞ야 新演劇을 夜珠峴 前協律社에 創設ᄒᆞ고 再昨日붓터 開場하얏ᄂᆞᆫᄃᆡ 銀世界라 題ᄒᆞᆫ 小說로 唱夫를 敎育ᄒᆞ야 二個月後에ᄂᆞᆫ 該新演劇을 設行ᄒᆞᆫ다ᄂᆞᆫᄃᆡ 衆多ᄒᆞᆫ 倡夫 敎育費가 巨大ᄒᆞᆷ으로 基經費를 補助키 爲ᄒᆞ야 七月 二十六日로붓터 二個月間은 每日下午 七時 同 十二時ᄭᅥ지 營業的으로 我國에 固有ᄒᆞ던 各種 演藝를 設行ᄒᆞᆫ다더라(『皇城新聞』, 1908.8.13.)

② [銀世界 演劇] 夜珠峴 圓覺社에셔 新演劇 銀世界를 每日 倡夫等이 演習ᄒᆞ야 未久에 設行ᄒᆞᆫ다더라 (『大韓每日申報』, 1908.8.13.)

③ [銀世界 演劇] 圓覺社에 雇傭ᄒᆞᄂᆞᆫ 唱夫等이 銀世界 新小說을 嫺熱히 練習ᄒᆞᆫ 故로 來月 壹日부터 該演劇을 開始ᄒᆞ기로 豫定ᄒᆞ얏다더라 (『大韓每日申報』, 1908.9.26.)

④ [銀世界 新演劇 大廣告] 本社에셔 演劇을 設始ᄒᆞᆫ지 數月에 江湖僉君子의 厚眷을 蒙ᄒᆞ야 益益擴張이온바 月渴望ᄒᆞ시던 銀世界演劇이 今總準備이옵기 來十

五日부터 設行ㅎ오니 有志僉彦은 如雲來覽ㅎ심을 務望 / 圓覺社告白 (『大韓每日申報』, 1908.11.13.)

⑤ [銀世界 風波] 再昨夜에 惠泉湯 主人 尹啓煥氏等 七八人이 新門뇌 圓覺社에 前往하야 ᄀ項 演劇을 壹體 玩賞ㅎ고 銀世界 演劇에 對ㅎ야 壹場駁論ㅎ다가 風波가 惹起ㅎ얏다더라 (『大韓每日申報』, 1908.12.1.)

⑥ [廣告] 演劇 新小說 銀世界 李人稙 著 正價 卅錢
此新小說은 食瘧管長의 壓制惡風을 可以懲戒ㅎ며 愚蚩人民의 自由思想을 可以開進이오 當此 維新之際ㅎ야 風俗改良의 壹大奇觀이오니 京鄕僉君子ᄂ 卽速購覽ㅎ심을 望홈
發行所 京城 남部 上犁洞 十九統 九戶 同文社 發賣所 京鄕 各 有名 書舖

(『大韓每日申報』, 1908.12.16.)

⑦ 本社에서 一般社會의 風俗을 改良홀 目的으로 新小說 演劇을 設行홈은 姜湖 諸君子의 業已照亮하신 바 天寒을 因하야 臨時 休業이옵더니 今에 諸般準備를 一層 擴張하옵고 本月 二十一日(陰二月二日)붓터 繼續 演劇하오니 僉彦은 倍舊光臨하심을 希望 圓覺社白 (『皇城新聞』, 1909.2.21.)

위의 7개 예시는 모두 신연극을 표방한 <은세계>의 신문광고이다. 이 연극은 대대적인 광고와 지속적인 관심을 끌기 위해 다양한 시도를 구사했음을 알 수 있다. 당시의 광고가 여전히 광고료를 납부해야 신문에 알릴 수 있다는 점에서 이 연극에 투자한 금액이 상당했을 것이라는 점은 충분히 가늠된다. 또한 대대적으로 신문광고를 하기 위해서는 이 연극을 후원한 단체가 있다는 사실을 가능하게 한다.

<은세계>는 이인직, 김상천, 박정동 등이 궁내부에 만들어진 협률

사를 자신들의 구미에 맞게 원각사로 개칭하고 건물을 개보수하여 재개관한 극장에서 공연하게 된다. 이전의 극장에서 공연의 내용이 대개 전승연희를 극장에서 일정 부분을 다양화하여 보여주는 양식이라면 <은세계>는 근대극적 양식으로 판소리의 내용을 참고하면서 새롭게 각색하여 만들어낸다. 이런 공연양식에 대한 관객들의 반응은 당연히 새로울 수밖에 없었고, 이에 대한 감흥 역시 폭발적인 효과를 거두었다. 신연극을 표방한 이 작품으로 인해 공연에 대한 우리 관객의 반응은 그 이전과는 다를 수밖에 없었으며 적어도 작품의 후반부에 등장하는 '최병도 타령'을 각색한 부패한 관리에게 저항하는 농민의 모습은 개화사상의 일면으로 받아들였던 동학의 가치를 다시금 일깨우는 계기가 된 것으로 평가된다. 그러면서 연극의 결말이 구시대의 잘못을 척결하고 새로운 시대 혹은 일본과 협력하는 세계가 바람직하다는 일종의 낙관적인 결말로 이행되는 것은 이 연극이 어떤 목적을 갖고 공연되었는가 이해하게 한다. 더구나 이 연극을 기획하고 무대화한 사람이 우리에게 잘 알려진 바와 같이 일제에 친일하면서 후에 매국의 인사라는 칭호까지 받은 자라는 사실에서 더욱 그렇다.

연극이 가진 내용은 앞서 공연예술이 지닌 직접적인 전달방식이라는 특유의 효과와 관람자들이 느끼는 공감의 정도에 대한 제한적이지만 강력한 효과로 인해 갖게 되는 공통된 유사함으로 인해 <은세계>는 틀림없이 큰 반향을 일으켰고 이를 통해 얻은 문화적인 충격은 컸을 것이다. 신소설을 통해 이미 제공된 정보를 공연을 통한 극적 장면으로 연출하여 선진문명과 일본에 대한 우호적인 입장을 보여주고, 특히 구

한말의 정치상황을 매관매직의 탐관오리가 다스리는 조선으로 묘사함
으로써 근대에 대한 가치를 극대화한 전략으로 이 연극이 가진 효과는
목적한 바에 충분하게 이루었다.

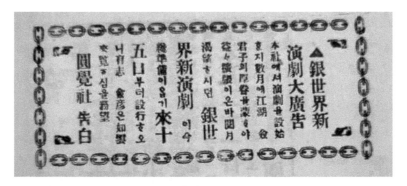

〈은세계〉 공연 광고, 『대한매일신보』(1908.11.13.)

하지만 이후의 연극 활동을 지속했음에도 불구하고 이런 전철은 다
시 밟지 못하였다. 이것은 공연이 가진 근대나 선진이라는 측면이 일본
의 강제병합과정에서 모두 노출되며 이런 근대화는 우리에게 어떤 만
족도 주지 못한다는 현실적인 개안이 모두에게 각인되었기 때문이다.
따라서 공연이 주는 효과는 크지 않았으며, 이인직의 정치적인 행보로
인하여 혹은 이것을 적극 지원하던 이토 히로부미의 죽음으로 인해 더
이상 원활한 공급이 이루어지지 않아서다. 그럼에도 헛된 개화와 근대
에 대한 미화를 통해 전근대와 근대라는 대결구도를 형성하고 이 대결
에서 자연스럽게 근대가 우수한 것이라는 식의 결론을 미화한 효과로
인해 우리가 쌓아온 전통적 가치와 사상은 크게 위협받게 된 것 역시

사실이다. 그리고 개화를 위해서 근대지식이나 학문의 필요성을 절감하게 되고 많은 지식인들이 유학을 통해 새로운 문명과 근대가치를 발견할 수 있도록 종용했다는 점에서는 이 공연이 가진 의의라고 할 것이다. 또한 신문에 드러난 가치를 '광고'하는 과정에서 저절로 근대적인 의미의 공연 즉 연극이라는 개념이 많이 사용되면서 일반 사람들에게 자연스럽게 정보가 퍼진 것 역시 마당극을 중심으로 즉흥적인 연극적 대사나 상황을 주로 '공연'이라고 여기던 풍조에서 진일보한 시각을 갖게 만들었다는 점에서 의의에 해당된다고 하겠다.

관념적인 맥락에서 '연극' 혹은 '공연'이 수용되고, 이런 형태의 기능을 새롭다며 받아들이게 되는 흐름의 종용은 이 시대가 지닌 일종의 변화적인 방식에 해당된다. 극장과 무대의 이해는 공연장소라는 지정된 장소와 행위의 기대를 유발시켜 지켜보게 만드는 몰입적인 효과를 거두는 기능을 담당하고, 배경과 초점화되는 광대를 동시에 관람하는 전통적인 방법에서 벗어나 어두운 암흑과 배경의 조화를 인위적으로 꾀하는 방식을 선보이는 무대의 경험은 단지 오락적인 기능만을 염두에 둔 전통적인 방식의 공연을 찾아가는 곳과 기능적으로 그 역할을 담당하는 장소의 기능을 이해하게 만들어 관념적인 이해 – 효, 충, 선, 징벌 – 등의 내용을 구체적인 행위와 특정한 이야기 구성 속에서 진행하게 함으로써 구체적인 현실감을 높이는 데 기여한다. 이는 과거의 오락이 관객의 관념 속에서 이해되고 정리되어 감동을 주는 데에 비해 즉각적이고 현장감의 기능을 강조하게 되어, 몰입을 유도하는데 크게 도움을 준다. 그리고 관념적인 이해를 삶의 일부인 '현장'으로 보여주고 구체

적인 형태로 적용하여 시각적인 이해를 도모하게 됨으로써 감동의 정
도를 획일화하는 경향을 갖게 되었다. 이런 과정은 개화기의 여명을 관
념적인 사고에서 구체적인 삶의 모습으로 전환하여 누구나 공감할 수
있도록 조건을 만들어내는 과정의 일부로 확인되는 셈이다.

2. '연극'의 사용과 극장의 변모양상 : 개량의 파레시아

연극이라는 용어는 1908년 이후 활발히 사용된다. 대한매일신보와 황성신문의 주요 기사를 통해 연극이라는 명칭을 자연스럽게 많이 사용되고 있음을 확인할 수 있다.

① 最新改良大演劇(최신기량 대연극)
쳐소는 시문안 전 협률사 긔한은 음력 오월 이십 삼일로 음력 오월 이십 오일까지 시간은 하오 팔시로 십이시까지 죠선부인회 죠선연극회 (『大韓每日申報』, 1908.6.23.)

② 近日 前主事 鄭禹漢 金寅培 金大熙氏等 某某人이 一大 慈善心으로 孤兒院 修理費에 補充키 爲ᄒ야 本月 十日頃에 寺洞 演興社內의 慈善演奏會를 開催ᄒ다ᄂ디 各樣 奇妙흔 技藝와 特別흔 演劇이 多有ᄒ얏다더라 (『皇城新聞』, 1908.7.2.)

③ [演劇準備] 金相天 朴晶東 李人稙 三氏가 西門닉 官人俱樂部의 演劇場을 設施ᄒ 次로 現今準備中이라더라 (『大韓每日申報』, 1908.7.10.)

④ [劇界改良論] (...) 盖何如흔 演劇이 人心風俗에 有益흔 者인가 日昔者에 拿

破崙이 恒常 劇場에 往ᄒᆞ야 演劇을 觀ᄒᆞ되 必也 悲劇이 아니면 不關ᄒᆞ며 且 悲劇
의 功效를 贊道ᄒᆞ야 云하되 人物을 陶鑄ᄒᆞᄂᆞᆫ 能力이 歷史보다 突過ᄒᆞ다 ᄒᆞ얏스니
彼 悲劇이 人心風俗에 有益홈을 可能ᄒᆞᆯ지로다 (...)

　乃者 今日國內에 存在ᄒᆞᆫ 극은 只是 有害無益의 극이오 壹個 何觀의 극이 無하니
此亦人民의 恥로다

　然이나 今後에 苟或 劇界改良에 留意ᄒᆞᄂᆞᆫ 者ㅣ 有ᄒᆞ거던 惟彼演劇에 從事하야
國民의 心理와 感情을 陶鑄홀지어다 (『大韓每日申報』, 1908.7.12.)

　이상의 기사는 주로 신문에 소개된 광고나 지엽적인 문화소개를 통
해 연극이 공연되는 행사를 안내하고 있다. 적어도 이런 행사를 통해
특별한 자선적인 행사라던가 공연에 대한 간단한 소개 정도로 간소화
되어 사실 전모를 밝히기는 어렵다. 다만 적어도 공연을 통한 사람들
사이의 교류의 장으로서의 기능과 관객에게 공연을 통한 심리적인 만
족이나 영향을 준다는 사실을 통해 공연이 지닌 혹은 극이 가진 주제적
인 면이 부각된다는 것은 확인될 수 있다. '황성신문'과 '대한매일신보'
는 일간지로서 다양한 소식을 전달해야만 하는 신문으로서의 기능을
담당한 바, 공연이 가진 풍속과 오락으로서의 기능을 담당하고 확인할
수 있다는 사실에서 예술인들이 가진 마음가짐의 일단을 엿볼 수 있다
고 하겠다. 특히 극이 시종 '유해무익'한 극이라는 사실을 강조한다는
점에서 주제적인 면을 중시하면서 극을 감상했다는 정도의 정보를 제
공받는다.

　'신연극'이란 용어는 아래와 같이 극장 '원각사'와 관련하여 처음으
로 등장한다.

大韓新聞社長 李人稙氏는 新演劇場을 官人俱樂部에 設ᄒ깃다고 警視廳에 請
認ᄒ얏다더라 (『皇城新聞』, 1908.7.21.)

이렇듯 원각사는 그냥 극장이 아니라 '신연극장'이다. 따라서 원각사
에서 공연하는 연극도 '신연극'이어야 하며, 이는 곧 <은세계> 공연을
의미하였다. <은세계>와 직접 관련되지 않은 '신연극'이라는 용어의
용례는 다음과 같다.

① 大韓婦人會의 敎育經費를 補完하기 爲하야 慈善演藝會를 設하오니 御 紳士
貴婦人 一般慈善大方家는 如雲來覽ᄒ심을 敬 要
歐美式 新演劇 演劇大家 伊東文夫
演題
軍事劇 美劇 夫劇 喜劇 外 合劇
處所는 會洞 歌舞伎座
日字는 八月 二十日 至 二十八日ᄭ지
大韓婦人會 告白 (『皇城新聞』, 1908.8.25. 밑줄 필자)

② 新門內 圓覺社는 新演劇을 設行ᄒ야 風俗을 改良ᄒ고 民智를 發達케 ᄒ다
고 各報에 廣布ᄒ더니 近日에 春香曲 沈淸歌로 蕩子淫婦의 耳目을 眩惑케 ᄒ야 多
數 金錢 奪入하는대 히錢은 何處에 盡用하는지 不知ᄒ거니와 幾千圓의 損害를 被
ᄒ야 不遠間 廢止 될터이라더라 ((『大韓每日申報』, 1909.3.13.)

③ 圓覺社에서 將次 安川 리검史의 抑冤ᄒ 事件으로 新演劇을 設行ᄒ다고 大韓
新聞에 揭佈ᄒ 바어니와 更聞ᄒ즉 該리검史를 請邀ᄒ야 基前後事情을 壹壹 探問
ᄒ는 中이라더라 (『大韓每日申報』, 1909.5.27.)

④ 圓覺社에서 再昨夜에 千仞峯이라는 新演劇을 設行홀 際에 投石이 自外下落에 一般觀覽者가 無不驚動ㅎ얏다는되 內部警齊署로 通知ㅎ야 巡査 幾名이 來到 調探ㅎ얏다더라 (『皇城新聞』, 1909.7.6.)

⑤ 本社에서 水宮歌라는 滑稽的新演劇을 今日부터 設行ㅎ는되 人工으로 製造혼 獸類魚族의 各種 形體가 天然히 活動홀 섄더러 鼈主簿의 愛君丹忠과 兎先生의 權變奇謀는 知識開發上 大趣味가 有ㅎ오니 僉君子는 速柱觀覽ㅎ시옵

十一月 二十六日 圓覺社 告白

(『大韓每日申報』, 1909.11.26. 밑줄 필자)

이와 같이 신파극이 한국연극의 주류로 자리 잡기 전의 '신연극'의 용례는 극히 제한적이다. 이 중 ①의 경우가 예외적이라 할 수 있는데 이때의 '신연극'이란 일본의 신파극을 의미하는 말이어서 주목을 요한다. 이동문부일좌(伊東文夫一座)는 1908년 4월에 내한하여 본정좌(本町座)에서 공연하다가 8월 8일부터는 가무기좌(歌舞伎座)에서 공연하는데 그 공연 일정 중 일부를 위와 같이 '대한부인회'의 자선공연에 할애하고 있음을 알 수 있다. 이러한 여러 사정을 미루어 볼 때 당시의 '신연극'이란 극장이라는 특정한 장소에서 행하는 것으로 내용적으로는 창극이든 신파극이든 관객에게 새롭다고 받아들여진 일부 연극에 국한하여 쓰였음을 짐작할 수 있다. 그러므로 ②에서처럼 '신연극'을 한다하고 <춘향가>나 <심청가>를 공연하는 구태의연함에 비판을 가하게 되고 공연의 양상이 과거의 것과 다르지 않게 진행될 경우 이에 대한 비판적인 맥락에서의 공연에 대한 품평을 같이 하고 있음을 살펴볼 수 있다. 하지만 ⑤에서 보듯 같은 판소리계열의 <수궁가>라 하더

라도 무대를 현대적으로 꾸며, 인공으로 만들어 놓은 무대장치와 소품들이 과거에 보지 못한 새로움을 줄 때 '신연극'이라 선전할 수 있었던 것이 된다.

'신연극'이 가진 새로움에 대한 해석은 점차 일본을 중심으로 도입된 무대연극의 개념을 따르게 된다. 이는 우리나라에서 지금까지 만난 적이 없는 새로운 형태라는 의미가 강하고 내용 역시 우리의 정서와는 사뭇 다른 것이므로 무조건 새로운 연극의 개념으로 받아들인 것이다. 결국 신파극이 수입되어 주목을 받게 되자 '신연극'은 곧 '신파극'을 가리키는 개념으로 사용되기에 이른다.

新派劇의 入聞
中部罷朝橋 團成社에셔는 近日 各種의 新演劇을 設行ㅎ는딕 壯觀의 演劇이 有ㅎ다 ㅎ야 昌德宮에셔는 日間 該演劇을 召入ㅎ샤 御觀覽ㅎ신다더라.(『每日申報』, 1912.1.6.)

위와 같은 개념의 신연극이란 용어는 이후 신파극이 성행하면서 '신파극'이란 용어로 대체되었지만, 한편으로는 그 이후에도 다음과 같은 신연극, 신파극, 신극을 구별하지 않고 사용하기도 하였다.

죠선에 신연극이라는 것이 생긴 지 임의 오륙 년이 지나도록 셔울 싀골에 거의 열 슈믈 이샹의 단톄가 일낫스나 모다 직조와 경영이 실치 모ㅎ야 아침에 일어낫다가 져녁에 걱구러지는 등 홍망을 듯기에 겨를이 엄는 디경이오 그 즁에 한아히 겨오 이딕싯지 싱명을 보뎐ㅎ야 왓스나 그도 압흐로 발뎐되야 간다고 말홀 수는 엄는 〜경이라 (...) 위션 뎨일 싱명 되는 빅우가 죵릭에 잇던 여러 연극단의 빅우들

보다 잘흔다고 일흠 잇던 빅우는 거의 모다 이 단톄로 모혀들게 되야 됴션에 잇던
연극단톄로는 실로 처음 보는 장관이라. 이십 명의 일힝은 실로 신파연극의 빅우
라는 일홈을 띄우고 무딕우에 올라 본 슈빅 명 중에서 실로 한 알식 한 알식 골나
닉인 쏏빅이라.

(『매일신보』, 1916.3.25.밑줄 필자)

다양한 지역을 기반으로 극장이 생겨났지만 결국은 경영상의 이유
로 문을 닫게 되고, 마치 합종연횡과 같은 시기를 거쳐 하나의 단체로
통합된 지경에 이르렀다는 사실을 알 수 있다. 매일신보의 1916년 기
사를 통해 신연극이 표방되고 흥행하면서 공연의 가치를 나름대로 표
현하였다면 이를 지속하는데에는 너무도 어려움이 많았다는 사실을
알게 된다. 지금도 여전히 극장을 운영하는 것은 쉬운 일이 아니다. 극
장은 단순히 좋은 작품만 있다고, 좋은 배우가 있다고 되는 것이 아니
라 배우, 극장, 연출, 대본 등 모든 것들이 총체적으로 모여서 이미지를
형성하면서 만들어가는 것이다. 그런 까닭에 10년대 중반을 지나면서
극장이 별로 남아있지 않게 된다는 사실은 검열과 함께 극장의 활로가
새롭게 대두된다는 사실을 반증하는 셈이다.

[演戱改良]近日에 電氣鐵道會社任員 李相弼, 郭漢承, 郭漢英 諸氏 等이 我國에
遺來ㅎ는 諸般演戱等節를 一新改良ㅎ기 爲ㅎ야 嶺南에서 上來한 唱歌女誓兒 蓮
花(十三歲)와 桂和(十一歲)를 雇用ㅎ야 各項打令을 演習케 ㅎ는딕 美麗흔 容貌와
淸雅흔 歌喉는 眞是奇妙ㅎ야 令人可愛흔 狀態를 包有ㅎ얏고 또 我國에 名唱으로
稱道하는 金昌煥, 宋萬甲 兩人을 敎師로 定ㅎ야 該女兒等의 打令을 敎授ㅎ야 長短
節주을 調正ㅎ는딕 該任員等이 其唱和之節을 參酌ㅎ야 改良하는 事에 着手ㅎ얏

다는되 其目的인즉 東西洋 文明國의 演戲를 效做ᄒ야 觀聽人의 耳目을 愉快케 홀 뿐 아니라 心志를 挑發ᄒ야 愛國思想과 仁道義務를 感興케 할 터인되 爲先 <u>春香歌</u> <u>붓터 改良</u>ᄒ야 一週日 後에 東大門內 電氣廠에 附屬흔 活動寫眞所에서 該施戲를 演設흔다더라 (『萬歲報』, 1907.5.21.밑줄 필자)

　　[演劇奇觀] 東門內電氣廠에 附屬흔 活動寫眞所內에 槪報 ᄒ얏거니와 該演劇 은 電氣會社에서 專管經起ᄒ야 光武臺라 名稱ᄒ고 前記흔 才人等으로 演藝을 始 開ᄒ얏ᄂᆞᆫ되 再昨夜에 下年八時붓터 開場ᄒ야 活動寫眞 數回를 演戲흔 後에 春香 歌中 數回를 演劇ᄒᄂᆞᆫ되 才人等의 唱歌와 技藝가 天然의 眞境을 畵出ᄒ거니와 二 十女 蓮花ᄂᆞᆫ 上丹의 形貌를 換出하고 十一歲女 桂花ᄂᆞᆫ 春香이가 再生흔 듯 百般 悲歡흔 壯態를 모出할뿐더러 唱歌, 彈琴, 僧舞가 無非絶妙ᄒ야 可히 歌舞場裏에 第一等을 占據흘 거시라 一動一靜이 觀覽者의 喝采를 供ᄒ며 傀가 換出흘 時間에 ᄂᆞᆫ 留聲機로 歌曲을 迭奏하니 春香傳은 傳來ᄒᄂᆞᆫ 特異한 行蹟이ᄂᆞ 但 倡優가 唱歌 로 敷衍ᄒ고 其眞像을 未睹함이 慨歎ᄒᄂᆞᆫ 바이러니 今에 其活畵를 快睹ᄒ니 眼界 ᄂᆞᆫ 恍然ᄒ고 心地ᄂᆞᆫ 豁如ᄒ거니와 演戲場進步도 其影響이 亦是 國民發達에 及ᄒ ᄂᆞᆫ두니 此才人등의 技藝가 他國에 讓頭치 아니ᄒ깃ᄂᆞᆫ지라 觀覽흔 盛況을 略記ᄒ 야 讚揚ᄒᄂᆞᆫ 一辭 附陳ᄒ노라 (『萬歲報』, 1907.5.30.. 밑줄 필자)

　배우를 초청하여 공연의 성과를 높이는 일은 공연을 새롭고 참신하 게 보이려는 전략일 것이다. 적어도 영남지역에서 수려한 용모와 음악 적 소질을 가진 두 명의 소리꾼을 영입하고 이를 통해 연습을 시켜 알 려진 <춘향가>를 공연한다는 사실은 공연이 가진 의미와 가치에 대 해 현대적인 내용을 드러내고 있음을 확인할 수 있다. 전체적으로 잘 알려진 공연레퍼토리를 사용하여 누구든 친근하게 공연을 감상할 수 있게 만들려는 전략적인 것과 새로운 인물을 기용하여 참신함과 신선한 자극을 주려는 의도는 공연이 가진 오락성을 이해하게 한다. 여기에 영남에서부터 소리꾼을 데려온다는 측면은 공연을 위해 지역을 벗어나 다양한 지역으로 공연과 내용이 전파된다는 사실을 입증한다. 단순하게 생각해도 이미 널리 알려진 소리꾼이면서도 중앙에는 소문만 무성한 인물을 직접 영입하여 공연을 준비한다는 사실에서 확장된 공간 의식을 느끼게 된다. 지역을 벗어나 다양한 지역에서 활동하는 다양한 예능인을 섭외하고 이를 통해 공연의 질적 수준을 높이는 전략은 지리적인 한계를 벗어나 다양한 공연을 시도하는 면모를 보여준다. 그런 점에서 예인들의 움직임과 공연의 성격을 짐작하는 일은 공연의 새로운 시도로서 가치를 지닌다. 단지 무대만 바뀌는 것이 아니라 소리선생님을 초빙하고 구미에 맞는 소리를 위해 곡조를 선택하고, 이를 무대화하는 작업으로 연결된다는 사실에서 공연 활동의 확대를 기대할 수 있는 것이다.

이처럼 1908년에 이르러서는 판소리가 더욱 분명한 연극의 형식으로 전환되고 있음을 본다.

寺동 演興社에서 各種 演藝를 擴張ᄒᆞᄂᆞᆫ 中인대 爲善 華容道를 實施하기 爲ᄒᆞ야 該社員 壹名을 日昨에 <u>三남 等地로 派送ᄒᆞ야 唱夫 三十名을 募集ᄒᆞᆫ다</u>ᄂᆞᆫ되 所入經費ᄂᆞᆫ 紙貨 八百圜 假量이라더라 (『大韓每日申報』, 1908.5.6. 밑줄 필자)

<화용도타령>을 공연하기 위하여 창부 30명을 모집한다는 이 기사는 곧 이때의 공연이 판소리 일인창이 아니라 대규모의 배우가 출연

하는 그 '어떤 연극'임을 잘 말해 준다고 할 수 있으며, 이 '어떤 연극'이 판소리 광대를 포함하는 배우들을 통해서 공연될 수밖에 없으므로 이 때의 공연은 창극의 가능성이 짙다고 할 수 있다.

이러한 개념의 공연은 '원각사'의 출발로 더욱 분명히 확립된다. 1908년 7월 원각사의 출발을 알리는 다음의 광고 역시 대규모로 동원 되는 '광대 연극'의 존재를 말해 준다.

> 本社에서 七月 二十六日로붓터 演劇을 開始이온바 京城內에 第一 屈指ᄒᆞᄂᆞᆫ 歌 妓가 二十四名이로 唱夫ᄂᆞᆫ 名唱으로 著名ᄒᆞᆫ 金昌煥 등 四十名이온듸 處所ᄂᆞᆫ 夜珠 峴 前協律社이오며 時間은 每日 下午 七時에 開하야 同 二十時에 閉하깃ᄉᆞ오니 一 般 僉君子ᄂᆞᆫ 如雲來覽하심을 務望. 圓覺社 白 (『皇城新聞』, 1908.7.26.)

연극을 개시하기 위하여 창부 40명을 동원한다고 하는 이 기사는 이 때의 공연이 종래의 판소리창과는 다른, 다수의 등장인물이 출연하는 그 어떤 연극임을 분명히 말해 준다. 이처럼 원각사는 그 출발부터 자 체의 새로움을 강조하였으며, 그 결과가 <은세계> 공연으로 시현된 다. 이러한 사항을 종합하여 볼 때 <은세계> 이전에 이미 판소리에서 창극으로 전환되고 있었음을 충분히 짐작할 수 있다. 그렇다면 <은세 계>가 최초의 창극은 아닌 셈이며, 따라서 <은세계>의 새로움 즉 '신 연극'적 특성은 다른 데에서 찾아야 할 것이다.

원각사가 설립되기 전인 1907년 11월 다음과 같은 '연극개량론'이 주장된다.

我國이 東隈에 僻在ㅎ야 野味의 習慣이 頗多ㅎ다는 外國人의 譏評이 每有ㅎ니 所謂 協律社이니 ㅎᄂ 것이 卽基一種이라 大抵 開明ᄒ 外國에도 戱일 劇場이 不有 ᄒ은 아니로ᄃ 皆其 國風 民俗을 從ㅎ야 人民에게 有益ᄒ 戱劇을 演ㅎ야 國內男 女로 ㅎ야곰 疲勞의 餘에 心志를 愉快게 ㅎ며 愛國의 情神을 鼓發케 ᄒ으로써 下 等事會ᄂ 此로 因ㅎ야 智識을 感發ㅎᄂ 效力도 不無ᄒ지라 故로 基政府에서도 禁止치 아니ㅎ거니와

我國 所請演戱라 ㅎᄂ 것은 毫髮도 自國의 精神的思想이 無ㅎ고 但基 淫舞醜 態로 春享歌니 沈淸歌니 朴僉知니 舞童牌니 雜歌니 打令이니 ㅎᄂ 奇奇怪怪ᄒ 淫 蕩荒誕의 伎를 演ㅎ며 靡靡嘈嘈ᄒ 促急迫切의 音을 泰ㅎ야 無賴子弟의 心志를 放 蕩케 ㅎ며 閭巷婦女의 淫風을 鼓動ㅎ야 囊中의 殘金을 攫取ᄒ 뿐인즉 實로 亡國의 音戱라 外國과 如히 可觀의 伎藝라던지 加減의 故事라던지 足히 風化를 補ㅎ며 思 想을 發ᄒ 國家的觀念은 節無ㅎ니 若此等野習을 不의 悲境에 陷ᄒ지니 엇지 慨歎 치 아니리오 (『皇城新聞』, 1907.11.29.)

연극개량론의 핵심은 그 내용의 개량에 놓인다. 종래의 '음무추태'와 '음탕황탄'의 연극이 아닌 '심지를 유쾌케 ㅎ며 애국의 정신을 고발케' 하는 연극을 공연하여야 한다는 것이 윗글의 요점이다. 그러니까 이러 한 연극개량론의 핵심은 그 형식적 방법에 대한 모색보다는 계몽적 기 능의 강화에 놓여 있는 것임을 알 수 있다.

이러한 연극개량론에 부응하여 원각사에서는 '신연극'의 공연을 예 고하였고, 극장도 '신역극장'이라고 선전하였지만, 처음부터 이러한 '신연극'이 쉽게 공연될 수는 없었다. 따라서 이인직에 대한 다음과 같 은 비판이 제기된다.

今日에 至ㅎ야 李人稙氏가 臂를 揚ㅎ고 改良을 自擔ㅎ얏도다 今日에 至ㅎ야

李人稙 그가 目을 瞬ᄒ고 改良을 自期ᄒ얏도다 嗚呼라 演劇의 改良은 吾輩도 曾往의 絶叫를 改良ᄒ여야 國民의 高尙ᄒ 憾情을 鼓吹홀지라 是以로 壹般有人心이 莫不日 演劇改良 演劇改良ᄒ던 次 에 李人稙氏가 圓覺社를 設ᄒ고 演劇을 改良흔다 ᄒ기에 耳를 傾ᄒ여 日

今日演劇에ᄂ 東國先民의 愚 溫達 乙支文德을 仰騰홀신더니 嗟乎異哉라 依舊 是 月梅의 驚女聲만 尼喃ᄒ며 明日演劇에ᄂ 泰西 近代의 華盛頓 拿破倫을 快都 홀신 하더니 嗟乎快哉라 依 舊是 놀보의 妬弟語만 爛漫ᄒ며 然別又明月에나 忠 臣義婦 或快男烈俠의 歷史를 壹聞홀신 新世界 冒險的人物을 壹見홀신 ᄒ더니 嗚 乎라 依舊是 春香歌샌 沈清歌샌 華容道샌이로다 (『大韓每日申報』, 1908.11.8.. 밑 줄 필자)

새로운 신연극의 내용이라는 것이 기존의 익숙한 인물 즉, 유가적 개념에서의 충신이나 소개된 해외의 건국인물과 같은 평면적인 위인에 국한한다는 사실은 '신연극'이라는 개념이 단지 '새로운' 무엇을 보여주는 것이 아님을 드러낸다. 이런 전통적 가치에 국한한 인물들이나 이야기 구성은 새롭고 신선한 것이 아닌 구태의연한 것으로 여겨진 셈이다. 이 점은 가치의 문제와 형식의 문제를 둘 다 '신연극'에서 기대한다는 의미를 갖는다. 결국 공연을 통해 관객이 체감하는 내용과 체감하는 새로움이 없으면 그것은 '새로운' 것이 아니고 단지 새롭게 꾸며진 것인 셈이다. 이 점에서 위의 기사는 공연이 갖는 의미와 개성을 드러낸다.

이런 고민은 이후에 공연계에서 장소나 활동무대에 대한 고민으로 이어진다고 추론할 수 있다. 새로운 가능성을 찾아내야 적어도 관객의 의도에 부합할 수 있는 것이고, 활로를 찾기 위한 모색의 과정이라고 할 수 있는 것이다.

이런 시도로 이해되는 것 중의 하나가 송만갑 협률사활동이다. 협률
사는 극장의 활로를 새롭게 하기 위해 순회공연을 기획하였으며, 전라
북도 지역을 중심으로 판소리 및 전통 연희를 순회 공연 하였다. 전통
연희 공연을 관람할 기회가 거의 없었던 지방 사람들에게는 처음 보는
창극인데다가, 송만갑이라는 대명창급의 얼굴 한번 보고 듣기가 소원
이었던 만큼, 송만갑 협률사가 당도하면 남녀노소 할 것 없이 몰려들
어, 가설극장은 언제나 초만원의 대성황을 이루었다. 이들이 공연을 통
해 얻은 성과는 사실상 말로만 듣던 공연의 경험이라는 측면에서 언급
되겠지만, 한편으로는 판소리의 창과는 다른 창극적인 형식으로 분창
하면서 각자의 역할을 맡아 개성있는 인물을 드러내주는 형식으로도
신선한 내용의 전달이었을 것임은 틀림없다. 더구나 새로운 공연이나
비용마련을 위해 소리꾼들을 중심으로 공연이 끝난 뒤에는 지방관장
이나 유지들의 사사놀음에도 응하면서 지역의 문화전달에 공연이라는
방식으로 충분히 알렸다는 점에서도 그 의의가 크다고 하겠다. 다만 전
체적인 성과에 있어서는 전통연희의 공연방식을 주로 답습하여 보여
준다는 점에서 문화적인 충격의 정도는 그리 크다고 할 수 없다.

<몰각의 영리> 近頃에 某某諸人이 麗華社를 創立ᄒ고 淸人 七十餘名을 雇來
ᄒ야 各種演戲를 創設ᄒ기로 運動中이라ᄂᆞᆫ대 現今演劇場이 多數ᄒ믜ㅣ 觀覽者
가 稀少홈으로 營業이 凋殘ᄒ야 敗産者가 不無ᄒ듯ㅣ 此를 不拘하고 當此時代ᄒ
야 些少營利之計로 此等演社를 設立ᄒ야 靑年子弟를 誤導홈은 壹大不可라ᄂᆞᆫ 批
評이 藉藉ᄒ더라. (『대한매일신보』, 1909.10.22)

이처럼 새로운 볼거리문화나 극장을 통한 수익의 창출은 한 번 시도하려는 사람들이 많다는 것을 알려준다. 결국 극장의 세속화와 다양한 공연문화의 유입은 설명하지 않아도 꾸준하게 개화기를 시작으로 우리 문화전반에 영향을 준 것으로 이해될 수 있다. 아무리 관람자가 적어도 극장관련자가 이 극을 관람하고 자신의 일에 영향을 받는 것이라면 충분히 개연성이 높아지기에 문화적인 이입으로 인한 새로움에 대한 기대는 일어날 수 있는 것이다.

> <병어유자> 紫霞洞서 典當鋪 運營ᄒᆞᄂᆞᆫ 安雲先氏가 去日曜日에 各演戱場의 妓女唱夫等을 率ᄒᆞ고 彰義門外 白石室亭子에서 宴樂ᄒᆞ랴다가 警察署認許가 無ᄒᆞᆷ으로 當地巡上巡査에게 禁止를 被ᄒᆞ야 沒眛而歸ᄒᆞ얏더니 昨日에 속히 當地警察署에 認許를 得ᄒᆞ야 該妓女及唱夫輩를 同地로 會同ᄒᆞ야 鮮怒會를 開ᄒᆞ고 迭蕩히 盛遊ᄒᆞ얏다더라. (『황성신문』, 1909.5.28.)

당시의 놀이문화는 자신이 가진 재력만으로는 곤란했다. 위 사설을 통해 부자들 역시 마음대로 유희를 즐기지 못했다는 것을 알 수 있다. 대부분의 오락이나 단체의 이동은 일본의 허락을 받아야만 움직일 수 있었다. 이 사실은 개화기 시기의 연희활동 역시 많은 제약을 받고 있었다는 사실을 알려준다. 도시를 떠나 한가한 곳에서 풍류를 즐기는 것조차도 일제의 간섭이 이루어졌다는 위의 사설을 통해 전체적인 놀이문화를 엄격하게 통제하고 있었다는 사실은 뚜렷하게 확인된다. 지역 경찰의 위세가 얼마나 대단했는지도 확인이 가능하다. 이는 일제의 합방이 되기 전부터 을사조약이후 행정권이나 통치권을 이양받은 일본의 세력이 우리의 공연문화나 놀이문화에 얼마나 영향을 끼쳤는지 확연하게 드러내준다. 앞의 사설 말미에 허락을 얻어 다시 회동하고 즐겼다는 것이 놀이문화에 대한 일반적 성향을 보여준다. 한편으로는 단체의 회동에 대한 감시와 현장에서의 처벌이 가능한 결정권을 가진 조직(경찰력)으로 장악하고, 일반인들에게는 당시의 처지나 우리 위세가 이런 놀이문화에 부정적인 입장이었다는 사실의 확인이 가능하다. 사용된 단어에서 보이는 '공연'이나 '연극적 행위'에 대한 인식의 기반이 드러난다고 하겠다.

> <廣告> 本社에서 巨額을 費ᄒ고 文明ᄒ 各國의 演劇을 視察ᄒ 結果로 此를 模倣ᄒ야 我國古蹟에 忠孝義烈賢勇의 諸實狀을 演劇으로 ᄒ올터이온ᄃᆞ 開始ᄒ지 百日以來에ᄂᆞ 今日에 ᄒ던 演劇을 其翌日에에아니 ᄒ기로 務定ᄒ와 今月 貳十七日로 開始ᄒ ᄀ ᆽᄉ오니 有志君子ᄂᆞ 來臨玩賞ᄒ심을 爲要 隆熙三年 六月 貳十四日 圓覺社 告白 (『황성신문』, 1909.6.25)

여기서 주목을 끄는 일은 각국의 연극을 시찰했다는 표현이다. 이것은 연극의 내용을 발전시키고 우리가 자생적으로 연극이라는 형태를 발전시키기 위한 수단으로 여러 나라의 연희적인 정보를 취합하려고 노력을 했다는 사실을 반증한다. 결국 하나의 문화현상이 단지 우리나라에서만 이루어지는 것이 아니라 여러 나라의 문화를 비교하고 우수한 점을 받아들이는 자생적인 노력이 이루어지고 있다는 사실을 말한다. 언제 누가 이런 작업을 위해서 파견을 간 것인지는 알 수 없지만, 적어도 이런 문화를 받아들이기 위한 지속적인 노력을 보여줬다는 점에서 문화적인 교류의 흔적이 발견되는 셈이다. 또한 이 내용을 기반으로 우리나라의 극장에서 그것을 공연한다는 것이니 여기엔 저절로 어떤 형태이건 서로에 대한 이해를 기반으로 문화적인 교류가 자생적으로 이루어졌음을 확인할 수 있다.

적어도 우리가 추구하는 '다크투어리즘'의 한 형태가 지속적으로 발생하고 있다는 사실을 확인함과 동시에 문화교류나 접변의 현상이 자연스럽게 이루어짐을 확인할 수 있다. 일본거류지역이나 청인 거류지역을 중심으로 각국의 연희가 자국민을 위해 수입되었다가, 새로운 볼거리로서의 가치로 우리민족에게 유입된 연극형태는 이제 우리민족이 우리 연극을 시도하기 위해 형태나 작품의 내적 구조 등을 모방하여 새롭게 변모하는 단계로 이행되고 있음을 알 수 있다. 이런 태도의 변모는 아래의 기사를 통해 짐작될 수 있다.

<圓覺風波> 惠泉湯主人 尹啓煥氏等 七人이 再作夜에 圓覺社의 銀世界를 觀覽 ᄒ다가 鄭監司가 崔丙陶를 押致ᄒ야 施刑奪財ᄒᄂ 景況에 至ᄒ야 尹啓煥氏가 座中에 言를 通홀 件이 有ᄒ다고 公佈혼 後에 唱夫 金昌煥을 呼ᄒ야 曰貪餮官吏의 歷史를 一演劇의 材料로 演戲ᄒᄂ 것이 不爲隱當홀뿐더러 其貪餮官吏의 結果가 終當 何處에 歸ᄒ ᄭᄂᄂ야 하고 一傷紛挐홈으로 該社巡査가 門外로 逐出ᄒ얏다ᄂ듸 該社長 安淳煥氏ᄂ 其事件에 對ᄒ야 他人의 營業을 妨害케 ᄒ얏다고 將次 裁判ᄒ야 賠償金을 徵出혼다더라 (『황성신문』, 1908.12.1.)

극에 대한 인식을 보여주는 위의 사설을 통해 당시의 연극을 보는 관람자들이 갖는 의식을 이해하게 된다. 이처럼 연극적인 상황조차도 자

신의 일처럼 받아들이는 것은 과거 연극이 갖는 위상을 짐작하게 만든다. 이런 상황에서 무대에서 벌어지는 연극의 이해를 시도한 우리 민족은 차츰 무대가 갖는 상징성에 대해 알게 되고, 이를 자연스럽게 받아들이게 된다. 즉 무대의 공간이 현실 공간과 차이를 갖는다는 사실을 깨닫게 된다는 것이다. 이는 무대를 받아들이는 자세가 점차 변해간다는 것을 알려준다. 하지만 1908년 당시만 해도 이 같은 무대의 상황이 그대로 연극적 상황으로 이해되지 않고, 현실의 상황이라는 착각을 불러일으키고 현실적인 대응으로 무대에 고함과 자신의 결정을 연극중간에 투사시킨 것은 연극에 대한 이해가 그만큼 부족했다는 것을 보여준다는 점에서 앞서 제시한 여러 연극을 통해 우리에게 맞는 공연의 성과를 거두기 위해서는 잦은 교류가 이루어져야 한다는 사실을 이해하게 만든다는 점에서 주목하게 만든다.

사실 이전부터 공연의 어려움은 지속적으로 나타난다. 1902년 콜레라 유행과 가을 흉년으로 인해 1903년 봄 가뭄이 계속되면서 경제 상황이 악화되었고, 고종의 칭경행사 연기가 논의되고 있던 점 등은 공연의 어려움이 지속적으로 나타나고 있음을 보여준다. 하지만 그 반면 외국극단은 우리와 사정이 달라 공연하는데 전혀 지장이 없었다. 이는 새로운 공연에 대한 이해도 이해지만 한편으로는 외국극단의 공연이 유리한 조건에서 지속적으로 공연된다는 사실을 보여준다. 예를 들어, 1903년 3월 말부터 황성신문에 실리기 시작한 광고를 통해 일본에서 온 니시하마만지 대곡에 공연은 같은 해 7월에도 대룡동(현재 명동)의 가설극장에서 성황리에 공연을 하고 있었고, 중단없이 공연하겠다는 광고를 신문에 연속 게재한 것이다.[8] 단순하게 공연적인 성과만을 가지고 이해할 수 없는 것이 문화 간의 교류나 간섭이라고 할 때, 공연의 지속성이나 새로운 공연성과에 대한 판단이 다각도로 이루어져야 한다는 사실을 보여준다.

한편으로는 이런 공연의 관람자층이 매우 중요한 역할을 한다는 점이다. 앞서 제시한 일본의 대곡예공연의 경우, 흔히 서커스를 중심으로 여전히 많은 인력이 동원되고, 기예를 익히는 데 시간이 많이 소요된다는 점에서 다른 공연과는 달리 훈련에 대한 강도의 비용이 만만치 않게 청구된다는 점에서 관람료 역시 그렇게 저렴하지는 않았을 것으로 추론된다. 그런데도 지속적인 광고와 성황리에 연행되는 공연의 성과는 우리에게 적지 않은 여파를 줄 것이고, 이런 맥락에서 그들이 원하는 일종의 선진화된 성과로서 그것을 조장하거나 자랑하는 장소로 사용될 개연성이 크다. 이는 합리화된 근대의 옷으로 무장한 공연적인 성과로 치부되며, 우리 개화기를 호도하도록 유인하는 효과를 거둔다. 근대가 개인의 가치의 발견이라는 정의에도 불구하고 여전히 근대를 새로운 이기의 시대로 오인하고 가치적 방점을 그곳에 두는 경향은 이처럼 문화적인 측면에서 새로움을 근대로 잘못 이해한 시각에서 비롯된다. 한성의 중산층을 중심으로 일본거류민과 외국사절들을 중심으로 관객층을 형성한 공연향유층은 문화적 차이를 선진문화에 대한 이해로 바꾸어 당시 개화를 포장하기에 이른다. 그리고 이런 포장들은 문화에 대한 접변을 이행하게 움직인다기보다 폄하된 가치로 전통문화나 가치

---

8) 김재석, 한국근대연극사1, 연극과인간, 2022. p.102.

를 이해하게 함으로써 근대에 대한 이해를 오히려 좁히는 데 도구로 활용된다.

3. 일본인을 중심으로 한 자국 극단의 공연상황 :
유혹의 파레시아

부산은 개항이 처음 이루어진 곳이라는 지리적인 이점과 일본과 가장 가까운 곳에 위치했다는 점으로 일찍부터 일본인들의 거류지로 각광을 받았다. 많은 일본인들이 체류하면서 이들을 위한 위문공연은 자연스러운 일이었다. 1881년 일본 거류지역에 가설극장이 세워진 것이 가장 처음에 나타난 극장에 대한 정보이다. 이 극장은 야외에 세워진 단지 무엇인가 구경을 위한 목적을 달성하기 위한 용도로 사용된다. 알려진 바로는 가부키나 일본 씨름인 스모와 같은 행사를 보여주는 정도라고 이해된다. 이런 극장의 시설은 본격적으로 더 많은 거류민이 정착된 1890년대 이후 발전된다. 또한 극장 공간은 이처럼 우리 문화를 공연하기 위한 장소라기보다는 외래문화인 영화를 중심으로 대중적인 것을 보여주기 위한 장치로 등장하는 까닭에 한국인이 소유주로 기록된 것이 없었다. 이는 영화를 상영하기 위한 필름의 도입이 모두 수입에 의존하는 것이고 배급이나 수입원이 모두 일본을 거쳐서 우리나라에 유입되었기에 일본인 소유의 극장만이 존재한 것으로 이해된다. 일본인 소유의 극장 역시 오랜 시간 명맥을 유지하는 것은 어려웠다. 이곳이 거류지역이라는 점과 새로운 장소로 전출입이 활발한 까닭이었다. 행좌, 송정좌, 부귀좌, 부산좌 등이 거류지역에 세워진 극장들이었고, 여기를 중심으로 거류 일본인과 호기심이 많은 우리 관객이 자연스럽게 새로운 문화를 접하게 되었다.[9] 다만 초기 극장은 일본식으로 이루어진 다다미여서 장소가 낯설고 협소했다. 더구나 우리에게 익숙하지 않은 일본의 씨름이나 간단한 민속 위주의 노래 공연이 주류를 이루었기에 한국인이 방문하는 경우는 거의 없었다. 하지만 차츰 공연의 성격이 대중문화의 범주에 드는 것들도 거류민의 요구에 의해 수용되었기에 한국인 중에서도 관심이 있는 사람이 점차 늘어가게 되었고 차츰 영역이 넓어진 것으로 이해될 수 있다.

일본 거류민 극장으로 가장 먼저 건축된 코토부키자 전경

---

9) 홍영철, 근대부산극장사, 강연자료 참조. 내용에 대해 보강할 예정임.

외국 극장의 공연은 이후로도 지속적으로 이루어진다. 1907년 11월에 창간된 『경성신보』에 게재된 공연 관련 기사를 통해 확인할 수 있다. 일본인 관객들은 한국에서의 공연이나 문화적 갈증을 일본 거류민 극장가에서 해소하였다. 그러나 일본에서 인기 높은 극단은 한성부에 와서 장기간 공연이 불가능하기 때문에 일본 거류민 극장가에서는 지명도가 낮은 극단들이 주로 공연하였다. 이런 상황은 새로운 공연이나 관객의 눈높이에 맞는 공연을 지향하는 관객들에게 새로운 열망을 갖게 만들었다. 결국 이 열망은 일본 거류민 극장가에서 조선인 극장가로 신파극의 바람을 불게 만들었다.

서양을 모델로 한 근대화의 바람은 문화예술계 역시 동일한 기준으로 이해되었다. 하지만 서양의 문화예술을 서양에서 직접 접하고 경험한 문화예술인은 거의 전무하였다. 형편이 이러한데 관객은 끊임없이 새로운 문화나 문명에 대한 갈망을 드러내고 연극담당자들은 서양식 제도를 받아들인 일본을 관찰과 모방의 대상으로 삼을 수밖에 없었다. 일본 연극을 통해 서양 연극의 모습을 유추한 셈이다. 따라서 일본 연극을 거류민 지역에서 접한 연극에 관심있는 한국인들에게 극장의 신파극은 말 그대로 '새로운' 형태의 연극이자 새로운 형태의 내용을 담아낸 문화로 인식되었던 것이다. 일본 거류민 극장에서 접할 수 있는 신파극은 공연 방식이나 내용면에서 우리의 신파극에 상당한 영향을 미쳤다는 것은 너무도 분명한 사실인 것이다.

이인직이 혈의 누에서 보여준 신파적인 상황도 상황이려니와 임성구 역시 여러 정황을 통해 일본의 신파극에서 영향을 받아 연극 활동을

임성구

했다는 것이 알려져 있다.[10] 더구나 연극공연의 양상이 과거의 전승연희와는 다르게 일정한 숫자의 배우를 가지고 다채로운 연극을 보여줄 수 있다는 점에서도 신파극은 전통적인 연희와는 구별되는 면이 있었다. 전통연희가 기예를 중심으로 이미 고정된 형태의 보여주기를 할 수밖에 없는 점도 신파극을 극장에서 선호하게 된 점과 맞물린다. 신파극은 정해진 대본대로 연기를 하되 한 배우가 다양한 역할을 수행하면서 여러 인물을 꾸며낼 수 있던 반면, 기존의 연극은 한 인물이 한 역할을 중심으로 표현할 수 밖에 없어 레퍼토리의 한계가 분명하였던 것이다. 이 같은 일련의 사정은 한성부에 극장을 둔 단체가 신파극을 선호하게 된 계기가 된다. 관객의 입장에서도 다양한 공연을 극장에서 같은 금액으로 경험할 수 있기에 신파극에 대한 기대가 더 커질 수 있었다.

1907년부터 1911년 사이에 한성부에서 공연된 일본 신파극은 430여 종에 이른다. 일본에서도 인기를 얻고 있는 <불여귀>, <나의

10) 김재석, 한국근대연극사1, 연극과인간, p.118.

죄>, <비파가> 등은 10회 이상의 공연이 되었고, 일본의 신파배우가 인기를 끌어 대표적인 인물인 이토 후미오는 '한국극단의 총아'로 언급될 정도로 영향을 미쳤다.[11]

_____

11) 김재석, 전게서, p.120.

4. 재중국인을 위한 공연 양상 : 허세의 파레시아

개화기 시대 우리나라에 가장 강력한 영향을 끼친 나라는 당연히 청이었다. 청은 그 전부터 다양한 방식으로 우리와 교역 혹은 외교활동을 하면서 전통적으로 맺어온 수교의 잇점을 활용하고자 노력하였다. 고종 19년인 1882년 청나라와 한청상민 수록무역장정을 맺은 후 서울, 부산, 원산 등 지정된 세 도시에는 청나라 상인들이 많이 거주하게 된다. 1893년 청인은 서울에만 약 3천여명이 거주했던 것으로 알려져 있다.[12] 이들을 위한 청국의 위문공연은 자연스러운 문화교류로서의 역할을 했고, 경극뿐만 아니라 각종 민간 연희가 서울에서 놀이판을 벌인 것으로 확인된다.

> 청인들이 지나간 금요일에 환구단 셔편 빈터에서 니샹훈 기예로 어리석은 사름들에게 돈을 밧거늘 못춤 대한에 와 잇는 청국 관인 탕쇼의씨가 지나다 보고 그 잡슐ᄒᄂ 청인들을 불러 크게 꾸짓고 엄히 금지하다 (『독립신문』, 1898.8.3)

---

12) 손정류, 한국개항기도시변화과정연구, 일지사, 1982, p.208.

이 같은 기사의 내용을 보더라도 청인들은 자국인을 위한 공연을 하면서 우리나라 사람들에게도 관람할 수 있도록 허용하고, 이를 상업적으로 이용하고 있음을 알 수 있다. 이런 사실은 기본적으로 공연문화가 지닌 대중적이고 호기심을 충족하는 다양한 활동이 자연스럽게 이루어진다는 것을 보여준다. 한편, 청국 관리에 의해 이 같은 활동이 제지를 받았다는 사실에서 이런 공연이 합법적으로 이루어지기보다는 무계획적이고 즉흥적으로 벌어지는 공연의 가능성도 배재할 수 없다. 즉 자국인을 위한 위문공연의 성격을 갖고 우리나라에서 공연을 하면서도 대중들에게 상업적으로 일정한 금액을 받고 관극을 허용했다는 점이다. 이런 까닭에 개화기 시대의 공연이 갖는 일반적인 특성을 어느 정도 짐작하게 한다.

공연의 양상이나 공연의 목적 등이 뚜렷하게 인정되는 숙련된 공연단체의 유입이 아닌 다양한 경로와 위문의 성격으로 수입된 공연이 상업적인 이익 창출을 위해 우리 국민에게도 공연을 볼 기회를 제공했다는 사실이다. 이런 양상은 당시 공연을 하는 예술인들에게 새로운 공연의 양상과 기회를 제공하는 수단이 되었을 것이고, 이를 통해 청나라의 예술을 간접적으로 체험하는 계기가 되었을 것이라는 추론은 너무도 당연하다. 우리가 가진 전통적인 무대공연의 양상이 문헌이나 유람기적인 성격에서 막연하게 이해되는 수준에서 극장에서 대면하는 수준으로 볼 수 있게 된 것이다.

이 같은 공연의 양상은 개화를 통해 더욱 가속화되고 확산되었다. 1904년경에는 청나라 사람들의 전용극장까지 세워질 정도였다.

淸領招待 경성주재 청국총영사 馬延亮씨ᄂᆞᆫ 본일 하오에 총감부 고등관급 동부
인을 홍전문부근에 재흔 청국인연극장으로 초대흔다더라.

청국인 전용극장을 홍전문 부근에 세우면서 경극 등 청국의 각종 연
희가 자주 공연되었음을 확인할 수 있다. 극장의 활용을 통해 자국민을
위로함과 동시에 문화적인 활발한 수입을 통해 자국문화의 확산을 시
도했다는 것은 자명한 사실이다. 이런 연극은 우리 대중은 물론 예술인
들에게 적잖은 호기심과 주목을 끌었을 것이라는 것은 분명하다. 그리
고 전통적인 공연의 양상에도 청나라의 공연양식이나 무대, 배우의 활
용 등은 신선한 자극과 변화의 요소로 작용했을 것이다. 단지 문화적인
양상의 소개는 점차 문화교류의 방향과 양식의 혼용 등으로 확산되고,
공연예술의 전반에 영향을 끼친 것으로 확인된다.

실제 청국의 공연양상은 정치목적적인 태도가 많이 드러난다. 그들
은 정부의 고관과 부인들을 동반한 공연을 통해 공연의 감상과 공동체
의 의미를 동시에 추구하는 것으로 여겨진다. 즉 태도에서 공연의 성과
를 중심으로 공연의 내용이나 질적 형태를 간과하고 오직 관람객에게
자신들의 문화를 통한 시간의 공유와 향수를 직접 드러내고자 하는 목
적의식이 강하게 내포되어 나타난다.

또한 이들이 보여주는 공연은 자신들의 전통에 입각한 공연이라는
점은 분명하다. 새롭게 서구화되거나 아니면 선진문명에 대한 동경과
는 거리가 먼 지금까지 청국에서 공연한 전통연희의 재생에 주력한 공

제2장 개화기 시대의 공연문화와 계몽의 파레시아 99

연의 내용이라는 점은 청인을 위한 위문공연이나 정통 중국연희단의 공연을 중심으로 공연이 이루어졌다는 보고를 통해 확인된다. 이런 공연이 공공연하게 극장에서 이루어질 수 있는 여건은 이들이 가진 문화 사대주의적 관점에서 이해된다. 청나라는 여전히 우리나라를 사대적으로 지배하는 국가이며, 우리나라의 보호국으로서의 위치를 뚜렷하게 드러내고자 하는 의도가 있으므로 지속적으로 자국의 문화를 전시하는 것만으로도 이런 효과를 거둘 수 있을 것이라는 믿음이 강했다. 따라서 자국문화에 대한 소개나 이를 통한 위세를 통해 찬란한 청나라의 가치를 드러내고자 하는 의도로 여러 관료나 외국 공사의 인사들을 극장에 초대하거나 청인들을 위무한다는 조건으로 자국의 전통문화를 그대로 들여와 공연하였던 것이다.

이들이 보여주는 공연의 내용 역시 신문명이나 개화에 대한 의지 등은 특별히 표명되지 않은 상황에서 전통 기예를 중심으로 경극이나 창, 악기연주 등을 공연함으로써 자국의 위세를 과시하고 일종의 문화전파국으로서의 원조라는 면을 강조하는 공연의 양상을 드러내고자 했다. 이는 허세로서의 문명국이라는 존재감과 더불어 우리 민족에게 일종의 문화적인 대국으로서의 위치를 드러내고자 한 의도로 풀이된다.

제3장

새로운 공연운동 - 일본 유학생을
중심으로

한국 최초의 희곡으로 평가받는 것은 1917년 1월에 발표된 이광수의 <규한>이다. 이 작품의 뒤를 이어 오천석의 <조춘의 비애>(여자계, 1918.9), 최승만의 <황혼>(창조, 1919. 2), 유지영의 <이상적 결혼>(삼광 1~3호, 1919.2 - 1920.4) 등의 작품이 거론된다. 이 작품들은 모두 당시 동경에서 유학하던 학생들의 작품이다. 이광수는 와세다대학 철학과를 오천석은 아오야마학원을 그리고 최승만은 동경외국어학교 노어과, 유지영은 동경음악학교를 다니고 있었다.13) 이들의 희곡을 게재한 잡지 역시 모두 동경에서 발행한 유학생 잡지라는 사실도 주목을 요한다. 결국 이들이 보여주는 새로운 희곡의 상황이나 형태가 모두 국내를 벗어나 동경에서 활동하는 새로운 문화와 문물을 기반으로 그곳에서 발행되었다는 점에서 우리 지역을 벗어나 활동하는 학생들의 문학으로 탄생된 면이 강하다. 물론 이 사이에 윤백남의 희곡 <국경>, <운명>이 한국의 잡지를 통해 공개되기도 하지만 이 두 작품은

---

13) 이상우, 3.1운동 전야의 동경유학생학우회와 근대극, 극예술,기념/기억의 정치, 지식과교양, 2021, p.18.

신파극의 흐름을 그대로 답습하고 있다는 점에서 내용면에서 앞서 유학생들이 보여준 희곡의 세계와는 차이가 있다.

　유학생들의 작품은 당시의 신식 문화나 풍조를 반영하고 있다는 점에서 다르다. 즉 이 작품들은 전근대적인 결혼제도의 비판이나 자유연애, 자유결혼의 주창이라는 학생의 신분에서 당시 가장 필요로 한 생각들이 드러나 있다는 점에서 문화에 대한 새로운 발견이라는 측면이 강하다. 이들이 발표한 희곡의 방식은 일본에서 유행하던 계몽적인 전파방식을 다르고 있다는 점에서 시사적이다. 즉 당시 일본의 자유민권운동파 지식인들은 주로 연설, 강연, 연극 등의 형식을 통해 자신들의 주장과 사상을 대중들에게 전달하려고 시도하였고, 동경 유학생을 중심으로 한 우리 유학생들 역시 이 같은 맥락에 적극적으로 동조하면서 생각을 정리하였다고 볼 수 있다. 연극은 청년지식인들이 추구한 정치적 계몽운동의 한 방법론이면서 형식적으로 새로운 사상을 담을 수 있는 효과적인 그릇으로 인식되었다는 것이다. 근대문학 장르인 희곡을 통해 봉건적이고 구시대적인 유물과 같은 구습을 벗어나고자 시도한 셈이다. 이런 이유는 대개 유학생들이 구식결혼의 희생자로 스스로를 인식한 결과일 수도 있다. 즉, 새로운 문명과 문화를 체험하는 과정에서 이미 기혼자가 된 유학생들은 자신들의 의지나 의사와는 상관없는 혼인을 맺고 가정을 이루는 학생들이 제법 있어서 일본에서 공부하는 과정에서 자연스럽게 맺게 되는 인간관계에 여러 제약이 따랐을 것이고, 여기에 대한 반발이 결국 이러한 작품을 구상하게 되는 계기로 작용한 것이다. 이런 생각으로 그들이 생각하는 신여성과의 자유연애나 구시대와 구여성과의 이혼, 신여성과의 결혼문제는 그들이 외면하기 힘든 당면의 처지와 밀접관 관련성을 갖게 된다.

이미 상실한 국권의 회복은 유학생들의 힘으로는 어쩔 도리가 없지만, 우리 민족의 정신적인 개화는 앞으로의 미래를 바꿀 수 있는 유일한 희망으로 생각될 수 있다. 이들이 구시대의 유산을 청산하는 길은 유학생들의 시선에서 고칠 수 있는 결혼이나 조혼 그리고 신시대에 대한 긍정적인 가치를 널리 알리는 길외엔 다른 방법이 없었을 것이다. 유학생들 자신의 처지에서도 이미 자신들의 의사와 관계없이 맺어진 혼인에 대한 서약이나 집안간의 결혼으로 인한 애정 없는 가족관계, 신사고를 가진 같은 유학생들과의 만남 등은 여러 면에서 유학의 고통을 줄여주는 역할을 하게 한다.

신사고와 문명에 대한 조우는 유학생들에게 자각의 이성을 깨우는 역할을 하고, 이를 통해 자신의 처지를 정확하게 이해하게 도와준 셈이다, 이런 반성과 자각은 현재의 모습을 반성하고 자신들의 처지를 넘어서게 하기 위한 여러 시도를 꿈꾸게 만든다. 이들이 생각하는 반성적인 태도는 자신들이 겪은 경험을 되돌리기 위한 시도로 나타나고, 경험된 과거의 모습을 반성하며 바람직한 방향으로 허구적 세계에서라도 바꾸고자 하는 시도로 이어진다. 결국 희곡 속에 드러나는 자유연애에 대한 갈망이나 구식 결혼이 주는 병폐를 벗어나고자 하는 개인적인 반항의 모습은 개화라는 의지가 개인화되는 모습으로 변모되기 때문인 셈이다. 개화의 열망과 신문명의 기대감은 결국 개개인이 갖고 있던 과거의 유산으로부터 벗어나는 것이었으므로 유학생들이 가진 공통분모로서의 체험으로 극적 내용이 주로 생산되는 결과를 빚게 된다. 물론 이런 가정이 단지 작품에 표현되는 것으로 나타나는 것은 유학생이라는 공통점과 유사한 경험을 공유하고 있다는 처지에서도 비롯되지만 개화나 근대화되는 과정이 일찍부터 강제한 유가적 관점에서의 '수신제가(修身齊家)'라는 자신을 먼저 개화하고 극복하려는 의지의 표명으로 읽히는 것이다. '나'로부터 시작되지 않고 어찌 다른 것들을 개화하고 이끌 수 있겠는가 하는 생각의 시작이 스스로의 처지를 극복하지 않고서는 다른 어떤 의지나 가치도 제대로 펼칠 수 없을 것이라는 전통적인 교육적 가치로 드러난 사고였다면 이런 맥락에서 유학생들이 보여주는 작품세계는 어느 정도 이해할 수 있기 때문이다. 결국 개인적인 애정이나 문제의식이 축소된 가정사 문제로 국한된 면은 전통적인 가치체계에 근거한 '수신'의 다른 이름으로 빚어진 결과이다. 그리고 이들의 축소된 지향성은 마치 숲을 보지 못하고 나무에만 매달린 형국으로 드러나게 된다는 점에서 그 아쉬움이 크다고 하겠다.

1. 한국 내에서의 공연양상의 변화 : 위장의 파레시아

한편 한국에서 신파극의 출발은 임성구(林聖九)의 혁신단(革新團)의 활동으로부터 시작한다. 혁신단은 1909년에 성립하였지만, 본격적인 대중적인 공연 활동은 1911년부터인 것으로 보인다. 혁신단은 아래 광고에서 보듯, 1918년에 창립 9주년 기념 공연을 선전하고 있다.

新派元祖 革新團一行

創立 九週年 紀念 大興行

기막 이후로 미야의 만원의 성황을 주심은 무한이 감사홈을 슈ᄒ노라 이에 예중ᄒ엿든 창립 구쥬년 긔렴 흥힝에 지홈이 익극가의 후의를 보답키 위ᄒ야 특별이 흥힝을 즁지ᄒᆞᆸ고 연극진료의 선퇴과 비우의 기예 연습을 필ᄒᆞᆸ고 막대흔 금익을 가입ᄒ야 쳔 쵹력 오빅 쵹력의 젼등으로 內外를 不夜城을 幻出케 ᄒᆞᆸ고 舞臺假面과 客度의 一面에 화려흔 가화를 신비ᄒ야 八月 四日브터 紀念興行을 始演ᄒ겟ᄉ오니 空前絶後흔 納凉劇을 玩賞ᄒ시옵

혁신단장 림성구 빅 (『매일신보』, 1918.8.4.)

(...) 명치 ᄉ십ᄉ년(1911년(브터ᄂᆞᆫ 홀연 감동흔 곳이 잇셔 신파연극을 죠직ᄒ야 남대문의 어셩좌에서 기연ᄒ니 그새에 연극이라 ᄒᄂᆞᆫ 것을 아ᄂᆞᆫ 사람이 젹은

고로 일반 사ᄅᆞᆷ이 환영ᄒᆞᄂᆞᆫ 쟈 젹건만은 림셩구의 견인불발ᄒᆞᄂᆞᆫ ᄆᆞᄋᆞᆷ은 련속ᄒᆞ야 연극으로 셩공ᄒᆞᆯ ᄉᆡᆼ각이 드ᄃᆡ여 삼ᄉᆞ년을 지ᄂᆡ인 오ᄂᆞᆯ날에야 비로소 신파연극의 엇더ᄒᆞᆫ 것을 알게 되얏스니 연극의 창시ᄂᆞᆫ 가위 혁신단을 원조라 ᄒᆞ리로다(…)

(『매일신보』, 1914.2.11.)

신파연극의 조직과 선전은 공연활동이 점차 대중화되고 활성화된다는 의미도 내포한다. 그리고 이런 사정은 이후 연극 활동이 하나의 재정적 자립이나 혹은 상업적 기반에서 활동하는 양상으로 변모하고 있음을 확인할 수 있다. 따라서 두 기사를 중심으로 개화기 시대의 공연활동이 점차 대중 속으로 확산되는 양상과 상업적 기반을 확립하려는 적극적 활동으로 이어진다는 사실을 발견할 수 있다. 또한 혁신단의 공연 활동은 1911년부터 시작한다고 볼 수 있다. 그 전의 일본연극과 중국연극의 무대화에 영향을 받은 우리 공연단도 이제는 활동을 활발하게 시작하면서 무대의 현장으로 진출했다는 사실을 확인하게 된다. '혁신단'이라는 이름은 아래의 광고에서 처음 보았다.

本社에셔 革新團을 設行ᄒᆞ여 開演ᄒᆞ옵다가 陽曆 一月二十六日브터 停止ᄒᆞ옵ᄂᆞᆫ 理由ᄂᆞᆫ 革新團이 日就月將되여 本社가 狹隘ᄒᆞ옵기로 一層 華麗ᄒᆞ압게 改築ᄒᆞᆯ 豫定이옵고 其間 外方에셔 有志紳士가 革新團一行을 精ᄒᆞ여 一次 觀麗을 要ᄒᆞ옵기로 發行ᄒᆞ얏다가 限 二週日後 回還ᄒᆞ여 陰曆 正月에 本社를 一新 修理ᄒᆞ옵고 開演ᄒᆞᆯ 터이오니 僉君子ᄂᆞᆫ 照亮ᄒᆞ심을 敬要ᄒᆞᆷ /團成社 告白

(『매일신보』, 1912.1.26.)

앞의 『매일신보』(1912.1.26.)의 광고에서 보듯, 혁신단의 단성사 공연은 매우 인기가 높아서 단성사에서는 극장을 개수하고자 하였고, 이 기간 동안 혁신단은 인천에 출장 공연을 다녀온다. 서울에 본거지를 둔 극단의 인천공연은 공연활동이 점차 활성화된다는 사실을 보여줄 뿐만 아니라 지역적인 격차를 줄이려는 문화적 기대감의 발로라고도 할 수 있다. 적어도 점차적으로 관객을 찾아가는 극단활동 혹은 초청을 기반으로 관중의 숫자를 확대하려는 노력의 일환으로도 읽히는 것이다. 그리고 이런 과도기적 확산을 통해 점차 새로운 지역으로의 진출을 모색하게 된다. 앞서 배우들을 공개모집하면서 지역의 거리감이 줄어든 사례를 확인할 수 있었다면 이제는 극단이 지역으로 나아가는 형국을 광고를 통해 확인하게 된다. 일종의 여정이 셈이며 한편으로는 이런 여정을 통한 무대 활동의 확산이자 다양한 문화의 접촉이라는 측면에서도 내용적으로 가치가 발견된다.

또한 단성사는 혁신단이 아닌 '혁신선미단(革新鮮美團)'이라는 신생 극단에게 대여를 해줌으로써 상설공연과 이동공연단을 모두 극단의 산하에서 기획을 도모할 수 있게 된 모양새를 보여준다는 점도 흥미롭다.

廣 告

本團에서는 朝鮮在來演劇이 甚히 幼稚ᄒ야 到底히 進步ᄒ 世人에게 滿足을 與ᄒ기 不能홈으로 新히 現今 日本內地에서 歡迎을 受ᄒᄂ 中인 新派劇을 模倣ᄒ야 最히 斬新ᄒ 趣向을 擬ᄒ야 來舊曆 正月二日브터 中部團成社에서 開演ᄒ겟사오니 大方諸君은 陸續 來觀ᄒ시옵

舊十二月二十六日

革 新 鮮 美 團

(『매일신보』, 1912.2.13.)

연극이 지닌 공연성에 비춰 새로운 형태의 극단의 탄생은 연극의 양
상을 다르게 표현하는 것으로도 읽힌다. 적어도 개화기를 지나고 극단
중심의 연극형태를 통해 연극적인 발전을 도모하는 형상에서 이동공
연단의 등장은 관객을 찾아가는 공연형태, 즉 새로운 문화 현상을 직접
현장에서 부딪치는 형태로 바꿈으로써 즉각적인 자극제 될 수 있다는
점에서 연구주제에 잘 부합한다고 하겠다. 이들이 만들어내는 공연의
성과는 기본적으로 우리 국민들로 하여금 새로운 문명과 조우하고 이
를 알리며, 근대의 정신을 널리 함양하는 데 목적을 두고 있음을 광고
를 통해서도 이해할 수 있다. 여기서 말하는 신파극은 익숙하게 알고
있는 기예가 아닌 짜임새 있는 구조와 인물을 중심으로 한 이야기로 결
국 작중인물이 갖는 고민과 고통이나 갈등의 내용을 전달하고 이를 감
상하는 내용이므로 결정적으로 볼거리에 지나지 않은 구성이 아니라
혹은 익숙하게 전달하는 감상만이 아닌 이성적인 판단과 생각을 동반
하면서 감상하는 판단의 구조가 더해진 사실이었다.

급박하게 전개되는 세상문명을 기본적으로 받아들이는 태도를 통해
주변의 정세나 관심을 갖도록 요구하는 일종의 목적을 드러내는 것이
어서 '진보'한 관객을 만나고자 하는 의도가 광고를 통해 담긴다. 이는
일종의 계몽적 의도로 읽히기도 하지만 한편으로는 참신한 의도와 기
획을 통해 미래의 지향을 추구한다는 점에서 급변하는 정세나 구시대

의 역사를 벗어나고자 노력하는 모습으로도 읽힐 수 있다. 관객을 지칭하는 단어로 '유지신사'라고 호칭하는 것도 흥미로운 일이다. 이 '유지(有志)'는 일반적으로 '품은 뜻을 가진 사람'이라는 것인데 극장을 방문하면서 관객으로 하여금 '어떤 뜻이나 의도'를 갖춘 사람들만이 방문한다는 것은 어불성설이다. 그렇다면 여기서 '뜻이나 의도'는 결국 공연을 통해 전달하려는 목적이나 공연의 성과로서 작용되는 이후의 바람을 드러내는 장치가 된다. 결국 공연을 통해 얻고자 하는 목적이 은연중에 드러난 말로 이해될 수도 있다. 비록 합방이 된 후 극장을 통해 찾아가는 공연이기는 하지만 이런 의도를 드러낸다는 것은 목적이나 내용적인 면에서 공연을 미화하거나 혹은 공연의 가치를 생산자가 설정하는 것이라고 할 것이다.

혁신단(革新團) 1911년부터 본격적으로 활동한 한국의 대표적인 신파극단으로 1921년 11월 임성구의 사망으로 해산되었다. 좌장(座長)에는 임성구(林聖九), 단원으로서는 한창렬(韓昌烈), 고수철(高秀哲), 김순한(金順漢), 황활삼(黃活三), 안석현(安錫鉉), 임운서(林雲瑞), 이원규(李元圭), 정명구(鄭明求), 김태식(金泰植) 등이었고 대표는 박창한(朴昌漢)이다. 대표적인 공연 작품으로 일본의 신파극을 번안한 <불여귀(不如歸)>(1912.3), <육혈포강도(六穴砲强盜)>(1912.5.)와 신소설을 각색한 <쌍옥루(雙玉淚)>(1913.4.), <장한몽(長恨夢)>(1913.7.), <눈물>(1913.10.) 등이 있다.

문수성(文殊城) 1912년 3월 윤백남(尹白南)과 조일제(趙一齊) 등이 중심이 되어 결성한 극단이다. 이 극단은 1912년 3월 도쿠토미로카(德富蘆花) 원작의 <불여귀> 전 10막으로 개막 공연을 개최한 후, <송죽절(松竹節)>(1912.5) 등을 공연하였다. 이 극단은 임성구의 혁신단(革新團)이 신파극의 본래 모습과는 다른 일본의 저급 신파를 모방하였다고 비판하고는 정통 일본 신파극을 보여주려고 시도하였지만, 당시 관객의 이해도가 낮고 래퍼토리가 부족하여 한계에 부딪히고 말았다.

유일단(唯一團) 동경물리학교(東京物理學校) 출신인 이기세(李基世, 1989~1945)가 일본 교토(東京) 신파의 거두였던 시즈마고지로(靜間小次郎) 문하에서 2년간 연극 공부를 하고 고향인 개성으로 돌아와 조직한 극단이다. 1912년 10월 개성좌에서 번안극 <처(妻)>로 창립 공연을 한 이후 11월부터는 서울 연흥사와 어성좌를 중심으로 공연 활동을 하였다. <장한몽>(1913.7.), <단장록(斷腸錄)>(1914.12.) 등의 소설 각색 공연으로 큰 인기를 끌었다. 1914년까지 활동하였고, 이기세는 1916년 3월에 윤백남과 예성좌(藝星座)를 다시 조직하였다.

예성좌(藝星座) 1916년 3월에 이기세, 윤백남 등이 조직한 극단으로 1916년 3월 27일 번안극 <코르시카의 형제>로 창립 공연을 한 이후 <단장록>(1916.4.), <쌍옥루>(1916.4) 등의 인기 레퍼토리를 재공연하였다. 이 극단은 종래의 일본식의 신파극 공연을 지양하고 <카츄사>(1916.4.)를 공연하면서 서양의 근대극 공연을 시도하였지만, 극단의 능력과 관객의 이해가 부족하여 단명하였다.

개량단(改良團) 1917년 2월에 혁신단에서 탈퇴한 김도산(金陶山)이 창극 배우들과 신파배우들을 규합하여 조직한 극단이다. 이 극단은 1915년

4월에 결성된 경성구파배우조합(京城舊派俳優組合)을 개량한 극단으로, 1917년 2월 24일 <장화홍련전>을 신파로 꾸며 단성사에서 공연하면서 개량단이라는 이름을 내걸었다. 이 극단의 일부 배우들은 1918년 2월 취성좌(聚星座)로 흡수되기도 하였지만, 주류는 김도산을 중심으로 1919년 신극좌(新劇座)로 개편·재조직되어 주로 연쇄극을 공연하였다.

이기세

혁신단으로부터 출발한 신파극은 1912년 문수성, 유일단, 1916년 예성좌, 1917년 개량좌, 1918년 취성좌 등의 활동으로 1910년대 말까지 전성기를 맞는다. 그 레퍼토리는 주로 군사극, 탐정극, 가정극으로서 초기에는 일본 신파극을 직수입하여 공연하였으나, 차츰 창작 레퍼토리가 공연되기 시작하고, 1913년 4월 혁신단의 <쌍옥루> 공연을 시작으로 신문 연재소설의 극화가 활발해진다. 이후 <봉선화>(혁신단, 1913.5), <장한몽(유일단, 1913.7), <눈물>[14](혁신단, 1913.10.), <단장록>(문수성, 1914.4) 등의 연재소설이 계속하여 공연되어 큰 인기를 모았다. 이와 함께 <장화홍련전>(개량단, 1917.2.), <사씨남정기>(개량단, 1974.4.) 등의 고전 소설 각색 공연도 이루어졌다.

---

14) 『매일신보』, 1913.7.16.~1914.1.21.

당시의 지면을 통하여 확인되는 신파극 레퍼토리는 약 100여 편에 이르는데, 그중 공연 횟수가 5회 이상인 작품들은 <친구의형살해(親仇義兄殺害)>(8회), <장한몽>(7회), <육혈포강도>(6회), <눈물>(5회), <단장록>(5회), <불여귀>(5회), <서승어적(庶勝於嫡)>(5회), <쌍옥루>(5회) 등이다. 이들 작품들은 동일한 극단에서뿐 아니라 다른 극단에서도 반복적으로 공연되었는데, 특히 신소설의 각색 공연이 인기를 얻었음을 알 수 있다.

신파극 작품들은 1913년 4월 혁신단에서 <쌍옥루> 공연을 하기 까지는 거의 모든 극단의 레퍼토리가 3, 4일마다 교체되었으며, 작품에 따라서는 꾸준히 반복 공연되었다. 그리고 극단마다 저작권이 확보되지 않아서 한 극단의 레퍼토리가 다른 극단에서 무단 공연되는 것도 일반적이었다. 이러한 레퍼토리는 크게 일본 신파극의 번안 작품과 창작극, 소설 각색극으로 나눌 수 있으나, 대본이 전해지지 않고 있어 더 이상의 자세한 사항은 알기 힘들다. 그러나 일본의 신파극 레퍼토리와 대조하여 볼 때, 초기의 몇 작품과 소설 각색 공연을 제외하고는 일본 신파극 레퍼토리와의 관련성은 크게 두드러지지 않음을 알 수 있다.

이러한 신파극은 조산부(助産婦) 양성소 부조와 걸인들을 위한 자선 공연을 베푸는 등 민지 계발과 공익 봉사를 목적으로 내세워 전 국민적인 성원을 받는다. 이에 따라 다양한 주체의 신파극 공연이 이루어져서, 한국 최초의 여류 극단인 부인연구단(婦人研究團) 엄명선(嚴明善) 일행이 1912년 9월~10월 혁신단의 지도를 받아 혁신단의 주요 레퍼토리를 공연하였다. 이 밖에 아동 극단으로 1913년 조직된 연미단(演美

團)이 있었으며, 단성사의 변사(辯士) 서상호(徐相昊)를 중심으로 한 변사극단이 조직되어 <애사(哀史)>(1919.9.) 등을 공연하기도 하였다.

개화기 공연을 중심으로 한 이해의 과정은 우리에게 주변적인 이해와 도모를 같이 공유하게 만들었다는 사실을 확인하게 한다. 주체적인 변화와 긍정적인 효과를 기대한 우리들에게 문화에 대한 몰이해와 새로운 문명의 조우는 낯선 환경이자 호기심과 거부감을 동시에 선사한 문명이나 문화내용이었다. 이런 맥락에서 근대 조선인들이 보여주는 자긍심은 여지없이 부서지면서도 한편으로는 근대화라는 동기와 의미 부여라는 측면에서는 스스로 달라져야 한다는 깨달음을 선사하였던 셈이다. 적어도 '신연극'에 대한 기대감의 표상은 이 같은 내용적인 측면뿐만아니라 새롭게 달라져야 살 수 있다는 간절함의 표상이 된다는 점에서 그렇다. 우리의 공연문화에 대한 새로운 도전은 단지 문명의 충돌을 통한 이해와 그것을 수용하는 자세에서 비롯되었지만 새로운 희망과 염원의 소망을 '신'연극에 대한 기대로 표정하면서 드러냈다는 점이 이를 입증한다. 개화기의 공연에 대한 이 같은 평가를 통해 근대성과 자주에 기반한 새로움의 변화는 능동적인 태도와 인식을 드러내는 지점이라고 평가할 수 있는 것이다.

2. 새로운 극장의 형성

극장문화에 대한 이해를 기반으로 연극과 영화를 상영함으로써 근대적 의미의 극장의 시작을 통해 공연문화를 새롭게 각인된다. 이전의 전승된 연극이나 공연형태와는 다른 이미지를 생산하기 시작한 것이다. 서구 극장 및 연극의 소개, 다양한 공연형태에 대한 정보는 우리에게 새로운 극장을 만들어내는 계기가 되었다.

1) 협률사

협률사는 황실에서 설립한 최초의 실내 극장이었다. 고종 등극 40주년을 맞이하여 귀빈들을 접대할 목적으로 신식설비를 갖춘 극장의 필요성이 대두되어, 당시 관청건물인 봉상시(봉상시)의 남쪽부분을 개조하고 협률사라고 칭하였다.[15] 하지만 이 극장은 개관을 앞두고 콜레라가 유행하는 바람에 이듬해인 1903년 4월 30일로 개관이 연기되었다가 영친왕의 천연두로 인해 다시 가을로 그 뒤 흉년으로 인해 이듬해

---

15) 서연호, 한국연극사, p.49. 참조.

봄으로 1904년 2월에 발발한 노일전쟁으로 인해 다시 가을로 연기된다. 이런 여러 사정으로 연기를 거듭하던 극장은 결국 1904년 음력 8월 6일 개관식을 조용하게 열고 목적에 부합하는 행사를 진행하게 된다. 애초 극장에 대한 왕실의 인식이 그렇게 높지 않은데다 실질적인 담당을 맡고 있던 궁내부 역시 극장에 대한 견해가 뚜렷하지 않아 대관으로 일관했던 극장의 운영은 이후 1906년 문을 닫게 된다. 그리고 협률사 자리에 원각사가 건축되어 운영되다가 이후 다른 용도의 건물이 되고 만다.

2) 광무대

광무대는 1907년 5월 동대문 전차기계창 내에 만들어진 공립극장이다. 공공시설 내에 설치된 광무대는 전차를 관리하는 전기철도사에서 고종의 칙령으로 인해 설립된다. 하지만 극장이 우여곡절 끝에 만들어졌음에도 불구하고 이 극장은 새로운 연극형태를 공연하기보다는 과거의 전통연희를 보여주는 전용극장으로 운영된다. 개관한 지 일년 만에 박승필은 광무대를 인수하고 1927년 말까지 운영하면서 기생의 공연을 중심으로 전승된 노래와 춤을 위주로 공연한다. 이후 극장은 1930년 화재로 소실된 이후 극장으로서의 명맥은 상실된다.

3) 원각사

원각사는 궁내부 소관의 협률사를 임대하여 운영한 극장이다. 원각사로 개칭되면서 협률사의 시설을 개보수하고 개축하여 새로운 형태의 실내극장으로 개조하였으나, 화재로 인해 1909년 소실되고 만다. 이 극장은 개장되어 공연하면서 사람들에게 연극개량과 풍속을 교화하기 위한 목적을 표방하였다. 따라서 연극의 공연내용은 당시로서는 무대를 중심으로 갈등을 통한 인간의 심리 등을 구현하는 데 초점을 맞춘 공연이 이루어졌다. 특히 이인직은 자신이 개작한 은세계를 최병도타령으로 바꿔 이 극장에서 공연함으로써 구시대의 유물이 갖는 문제점을 지적하고 새로운 문화나 연극적인 주제의식을 보여주는 시도를 한다. 하지만 이런 시도는 자신의 친일행적을 잠시 감추고 구시대의 문제의식을 부각시켜 일본이 요구하는 바를 따르도록 만드는 고도의 술책이라는 것이 후대 드러나게 된다. 하지만 원각사를 통해 당시의 연극을 본 많은 관람객들은 새로운 문명과 문화에 대한 기대감이나 의지 등을 발견하면서 새로운 문화적 체험을 했다는 점에서 적어도 문화를 통한 교류를 실감할 수 있었다. 이는 주제적인 면을 고려한다면 문화에 대한 이해의 폭을 넓히는 계기이자 새로운 문명에 대한 동경이나 막연한 긍정을 가져오기 충분했다.

4) 연흥사

연흥사는 장윤직이 서울 사동에 있는 자신의 집을 개조하여 만든 극장으로 창극 <화용도>를 공연한 것으로 알려져 있다. 당시로는 거금에 해당되는 막대한 자본을 끌어들여 전국에서 창부 30여명을 선발하고 공연할 정도로 적극적이었으나, 경영이 어려워 결국 자선공연을 중심으로 극장이 운영되었다. 1909년 6월에는 입장객을 관리하기 위한 방법으로 한국인보다 두 배의 월급을 주고 일본인을 채용하기도 하였다는 점에서 일본인을 위한 극장경영을 시도한 것으로 이해된다.16) 이런 시도는 한국인을 위한 극장이 아닌 일본인을 모시기 위한 선택으로 이해된다. 결국 극장의 경영을 위해서는 고급관객의 유치에 힘을 쏟은 것이고, 이것이 일본인을 채용하는 수순으로 나아갔다고 볼 수 있다. 이 같은 시도는 결국 극장의 레퍼토리로 일본의 신파극을 공연하는 과정으로 나아가 극장을 개조하면서 사용하였으나 1914년 8월 문을 닫고 만다.

5) 장안사

장안사는 1908년 7월 돈의동에서 문을 열었다. 장안사가 1909년 4월 중국 경극 <삼국지>를 공연한 것은 당시엔 큰 화젯거리가 되었다. 주로 대부분의 극장에서 창기를 중심으로 창을 하거나 가야금이나 전통악기를 연주하는 공연 내용이 대부분이었는데 여기서는 경극을 공연한 것이다. 더구나 이 경극을 위해 중국 안동현에서 60 여명의 배우가 초빙되었다. 결국 이런 공연의 내용은 공연의 교류가 활발하지는 않

---

16) 서연호, 전게서, p.51.

아도 간헐적으로 이루어지고 있었다는 사실을 증명한다. 공연의 내용 역시 우리에게도 잘 알려진 삼국지의 내용을 경극으로 공연한다는 사실이 놀라운 일이었다. 한편으로는 새로운 근대적인 정신이나 내용을 담아낸 근대정신이 깃든 근대연극 형태가 아닌 전통극으로서의 경극을 공연한 점으로 미루어 당시의 극장관객의 취향이 여전히 고답적이라는 사실을 보여준다. 그럼에도 이처럼 문화적인 교류의 창구로서 극장이 기능하고 다양한 문화 체험을 통해 우리가 접하기 힘든 외국문화를 직접 수입하여 제공했다는 점에서 이후 공연문화에 영향을 끼쳤을 것이라는 점은 이해할 수 있다. 하지만 장안사 역시 경영난으로 인해 두 번이나 문을 닫았고, 전승연희의 김세종 일행이 전속으로 공연한 적도 있다는 점이나 경품을 걸고 공연을 한 적도 있다는 점에서 공연의 지속성이 관객동원만으로는 어려웠던 당시의 처지를 이해하게 만든다. 결국 이런 맥락에서 당시의 관객층은 문화 교류나 새로운 문화 창달의 효과로 나아가기에는 부족한 면이 엿보인다고 하겠다.

3. 새로운 정신의 가능성

공연을 통한 정신개량의 가능성에 대해 언급한 사설은 유길준의 서유견문을 통해서 시도되었다. 유길준은 이 책에서 서양연극이 갖는 시민정신과 새로운 근대성 등을 확인하고 이 같은 사상을 통해 우리 민족이 개화되는데 도움이 될 것이라고 판단하였다. 이런 생각은 연극에 대한 그간의 생각을 바꾸는데 중요한 구실을 한다.

> 연극하는 내용은 고금 역사 중 유명한 사건으로서 족히 사람들의 마음을 격동시키거나 감동케 하거나 희열케 하거나 즐겁게 하거나 하는 것 등이어서 비극, 희극 두 가지로 배분 할 수 있다. 연극이란 더러운 풍속을 빗대어 놓고 놀림으로써 세상 사람들을 풍자하기도 한다. (중략) 연기해야 하는 내용은 그야말로 천태만상이므로 그 대강만을 기록해 보면 다음과 같다. 즉 전쟁, 宴享, 상업, 소송, 보은, 복수 및 남녀 관계, 군신간의 이야기 등등 다 연극의 내용으로 쓰임직한 것들이다. (유길준, 서유견문 중에서)

근대적인 생각이라는 것이 결국은 근대시민정신 혹은 새로운 개화정신을 근간으로 삼아야 한다는 점에서는 이견이 없다. 즉 새로운 정치를 위해서는 새로운 정신이 필요하고 이를 고양시키는 방법으로 서양 연극의 도입이 필요하다는 점을 구체적으로 밝힌다. 이는 과거의 연극이나 공연이 한낱 소일거리에 지나지 않는다거나 혹은 정서적인 유희로 불필요한 여러 감정을 나열한다는 식, 혹은 낮은 신분을 가진 사람들이 즐기는 저급문화로서의 그것에서 진일보한 정신이라는 점에서 주목하게 한다. 하지만 이런 견해는 그다지 오래 지속되지 못하고 지식인 계층에서도 외면당하게 된다. 공연이라는 측면에서 논리만 있고 실천이 없으니 이 주장을 받아들이는 것이 지나치게 낙관적인 생각이었기 때문이다. 더구나 당시의 혼란스러운 국내정세는 공연이라는 한가한 구경을 허락하지 않았다. 그럼에도 불구하고 전통적인 입장에서나 개화에 대한 긍정론에서도 공연이 지닌 가치만은 지식인들이 주장하는 바를 그대로 이해하는 방향으로 받아들였다.

실제 당시의 공연을 관람한 연극층은 주로 일부 지식인층, 학생층, 친일 개화파를 포함한 상류층으로 짐작된다. 당시의 신문에 난 기사를 검토해도 주로 이런 류의 관객층에 대한 소개나 안내가 빈번하게 노출되고 있다. 이런 까닭에 연극이나 공연에 대한 호기심과 관심은 점차 일반화되는 과정이었을지라도 주로 극장에 가서 공연을 감상하는 사람들은 일부의 사람들로 국한되고 있다는 사실을 발견하게 된다. 이런 까닭에 당시의 언론에서는 공연에 대한 시각이 부정적이었고, 관객에 대해서도 반시국성, 부도덕성, 일탈성, 유흥성 등을 부각시켜 부정적인 요소가 많은 극장의 내용에 대해 고발성 기사가 주류를 형성하고 있었다.

豪華子弟들이 각 연회장으로 逐逐會集하야 淸歌妙舞에 허송시일 했다.(황성신
문, 1908. 5.1)

총리대신 이하 각부대신의 부인들이 연합하야 재작야에 원각사에 前往하야 제
반 연회를 관람하얏다더라.(황성신문, 1908. 10. 23)

이런 맥락의 기사는 당시의 문화 현상으로서의 가치보다는 공연이
주는 이미지가 위에 언급한 바와 같이 부도덕적이고 반시국적인 맥락
에서 단지 새로움 혹은 시간낭비로서의 볼거리 문화의 일부에 지나지
않는다는 관점을 노골적으로 드러낸다. 문화에 대한 교류로서의 인식
이나 새로운 문물의 가치에 대한 이해가 공연을 통해서 드러나는 일이
극히 없었거나 이례적인 사안으로 받아들여진 것이다. 그런 까닭에 공
연을 통해 문물과 문명의 확산과 이해를 시도하고자 하는 방향은 근본
적으로 가치를 드러내기 어려웠고, 이런 실정에서 공연의 확산은 기대
하기 어려운 현실적인 도전에 직면하고 있었다.

가치의 혼돈은 이처럼 긍정과 부정의 시각이 엇갈리는 상황으로 치
닫고 있었고, 공연의 내용 역시 뚜렷한 흐름을 선점하는 바 없이 진행
되고 있었다. 다만 다양한 사상의 혼재에서도 근대와 근대정신에 대한
가치의 확산은 이미 막을 수 없는 대세로 굳어지고 세상의 흐름에 동조
해야 한다는 취지는 이미 거역할 수 없는 시대적인 흐름이었다.

제4장

두 세계의 충돌로 읽는 파레시아

1. 구식과 신식

개화기는 여태 겪어보지 못한 다양한 생각과 사고가 물밀 듯이 밀려와 당시를 살아가던 사람들을 혼돈의 양상으로 빠지게 만들었다. 하루가 다르게 변하는 새로운 모습의 등장으로 인해 혼란은 가중되었으며, 변화되는 세상과 정치적인 양상은 무엇을 받아들이는 것이 올바른 삶을 살아가는 것인지 확인하기 어렵게 만드는 요인이 되었다. 자연스럽게 지배되던 사상과 관습 그리고 변하지 않을 것이라고 믿었던 여러 가치가 새로움을 앞세운 문명과 문물과 함께 선보였기에 이것을 확인하는 것만으로도 가치를 논하기 전에 당면한 문제로 인식되었다.

어려운 현실은 익숙한 전통놀이의 표현에 즐기고자 하는 마음을 가중시켰다.[17] 상류층 관객이 기생이나 배우들과 추문을 일으키는 것도 우연한 일이 아니었다. 변화와 조선의 몰락을 통해 고급문화라고 할 궁중문화가 급격히 무너지고, 서민이나 상인을 중심으로 한 대중문화로서의 민속예술 혹은 전승연희의 공연이 극장가를 석권하게 되 는 것도

---

17) 강현두 편, 대중문화의 이론, 민음사, 1980, p.106.

이 같은 상황을 반영한 결과이다. 여기에서 그대로의 모습을 재현하는 대중문화적 모습도 발견되고, 이를 새로운 문명이나 문물과 결합하고자 하는 시도 역시 드러나게 된다. 마찬가지로 이를 바라보는 공론 활동 역시 이 두 가지의 방향에서 이분법적이 대립을 지속하였다.

실학사상에 기반을 둔 개화기 識者들은 예술의 공리적인 기능 외에 오락적인 기능에 대해서는 그다지 높은 평가를 하지 않았기 그들의 판단으로는 위기의 상황에 노래 부르고 춤추면서 음담패설로 사람들을 웃기는 연희적인 성격은 비판되어야 할 구습으로 치부되었기 때문이다. 그렇기에 전승 연희를 그대로 답습하는 공연형태에 대해서는 퇴폐현상으로의 그것으로 바라보고 이를 비판적인 어조로 비난하였다.

今夫政府之論이 每日 民智를 啓發ᄒ며 敎育을 擴張ᄒ다 ᄒ면서 如此陷民之一大機阱을 國都中에 廣設ᄒ야 民財를 消㳯ᄒ며 民志를 搖薄ᄒ고 怡然相觀ᄒ야 不思禁止ᄒ니 從前 欺人的 花設를 其誰信之일지 無恥哉라 韓之政府也여

(『대한매일신보』, 1904.4)

혹세무민하는 말로서 백성을 현혹하지 말고, 이런 내용을 보여주는 것에 대해 반성해야 한다는 강한 논지를 드러낸다. 더구나 여기서 공연이나 극장에서의 관람을 여전히 교육과 자기계발을 위한 장으로 이해하는 구시대적인 발상을 그대로 답습한다. 이런 관점은 사실 공연을 바라보는 전통적인 시각에 기인한다.

관중을 향해서도 이런 논조는 지속되기도 하였다.

夫哀怨之音은 之來亡國之遺風이오 淫蕩之戲는 及是誤人之捷徑이라 由是而心
志搖漾之少年과 腔腸軟弱之女子가 魂迷於淫說雜戲之場ᄒᆞ야 騫裳踰壇之風과 待
月窺花之習이 有不期然而自然之勢矢니 豈不慨歎處乎아

『황성신문』, 1906.4.18)

여기서 주목되는 말은 '애원지음'이라는 지칭하는 음악적인 내용과
'음탕지희'라고 말하고 있는 춤이나 무용과 관련된 용어일 것이다. 즉,
전통적인 소리나 음악 혹은 몸짓이나 유희적인 내용을 각각 슬프기만
한 소리 또는 음탕하고 음란한 몸짓으로 이해하는 것은 기본적으로 전
승되고 있었던 공연문화에 대한 식자층의 의미를 대변하는 단어로 이
해되기 때문이다. 이런 맥락은 전통적인 가무에 대한 식자층의 이해에
기반하는 데 주로 양반층에서 이같이 유희적인 일에 종사하는 사람이
나 유희의 내용을 전통적으로 천박하게 바라보고 이해하고 있다는 점
에서 그렇다.

전통적인 시각에서는 유희적인 태도나 전통공연의 양상을 바라보는
시각이 이미 고정된 틀 속에 갇혀 개선의 여지가 없는 하나의 시각으로
고정된 양상으로 드러난 것이다. 애국과 계몽을 위한 방법으로 식자층
에서 내세우는 바는 일종의 문명에 대한 동경과 문명국으로의 이행을
시도하는 여러 방법을 시도하는 것인데, 이들의 눈에 전통적인 것의 답
습과 전통을 시도하는 것은 일종의 병폐를 그대로 안고 가는 행위로 간
주되는 것이기에 긍정적인 태도로 바라보기 힘든 것이다.

大抵壹場에 悲劇을 演ᄒᆞ야 영웅호걸의 淋漓狀快ᄒᆞᆫ 往蹟을 觀ᄒᆞ면 비록 庸者儒

兒라도 此에서 感興ᄒ지며 忠臣烈士의 凄涼貞烈ᄒ 違標를 觀ᄒ면 비록 蠢奴劣僕
이라도 此에서 奮起ᄒ지니 歷史에 如何ᄒ 偉人을 傳ᄒ던지 但只 其 言行과 事實을
記錄ᄒ거니와 극에 至ᄒ야는 不然ᄒ야 千古以上의 인물이라도 其容顔를 接ᄒᄂ
듯 咳睡를 廳ᄂᄂ 듯 ᄒ야 十分精神에 칠분을 可得이라....(중략)....然이나 今後에
苟酷 극界改良에 留意ᄒᄂ 者一有ᄒ거던 惟彼演극에 從事하야 國民의 心理와 感
情을 陶鑄케 홀지어다.

(대한매일신보, 1908. 7. 12)

여기서 주목되는 것은 영웅호걸의 이야기나 그들이 한 일을 중심으
로 무엇인가 다른 사람들을 깨우치고 새롭게 만들어내는 그들의 활약
상에 주목하는 것이다. 그들의 일대기가 중요한 이유는 이 같은 헌신과
봉사의 결과이며, 이들이 멸사봉공의 자세로 대의를 위해 자신을 희생
하면서 나서는 영웅의 길이다. 그런 까닭에 그것을 보고 배우는 것이야
말로 나라의 위기를 극복하는 방법이 되며, 희생의 숭고함을 배울 수
있는 역할을 할 수 있다는 믿음이다.

이 같은 인간관은 전통적인 희생과 그들을 통해 학습되는 효과적인
양상에 주목하는 방법이며, 유교적인 인간관에서 보여주는 충신, 열사
의 표상이 된다는 점에서 과거의 인간형에 귀착되는 정신적인 가치로
서의 인물을 여전히 중시여기는 관습적인 맥락에서의 표현이 된다. 연
극이라는 매개를 통해 이런 인물을 드러내고 관람자들은 이 정신을 습
득하고 배우며, 이를 통해 정신을 고양시키는 것이 연극이 해야 하는
당연한 길이며 표현의 방법이라는 생각은 전통적인 맥락에 그대로 닿
아 있는 인간관이며 교육적인 효과를 기대하는 수준으로 연극이나 공

연을 바라보는 시각을 정확하게 노정 하고 있다는 것을 알게 된다.

구시대적인 발상에서 주장하는 위 논지의 내용이 터무니없는 것은 아니다. 풍전등화와 같은 위기 시대에 옛 공연의 형식과 내용을 지속적으로 답습하는 구태의연함은 비판적인 시각으로 충분히 바라볼 수 있기 때문이다. 문제는 이런 시각의 너머에 있는 공연에 대한 기본적인 인식이다. 시각의 밑바탕에 놓인 공연이나 예술문화에 대한 경시의 시선을 긍정적으로만 볼 수 없는 것도 사실이다. 결국 문화에 대한 이해의 정도는 그것을 어떻게 바라보는가에 따라 양상이 달라지기 때문이다. 문화에 대한 편견이나 몰이해는 문화를 생산하는 생산자로서의 예술인이나 기예인의 태도를 위축시키고 이를 감상하는 뒷받침하는 관객의 입장까지 소극적으로 만들기에 이 같은 시선의 모습에서 개화를 위한 여러 가능성은 그 영역이 축소될 수밖에 없게 된다.

한편 일본에서는 메이지 정부에 의해 신파극의 개량을 통한 정치성을 기존의 것보다 순화시키면서 친정부적인 친화적인 내용으로 신파극의 개조에 나선다. 이를 시행한 메이지 정부는 애국적인 내용의 신파극을 적극 장려하였다. 1894년 청일전쟁이 발발하자 대표적인 친정부 연극인인 카와카미 오토지로는 <소제츠카이제츠닛신센소(壯絶快絶日淸戰爭)>을 만든다. 전쟁을 애국심으로 포장하여 볼만한 구경거리로 만들어 낸 이 작품을 통해 신파극의 정석을 보여준 셈이다.[18] 이 시기에 도일하고 있던 이인직에게 일본의 신파극이 완성기를 향해 나아가고 있었던 1900년부터 1904년까지의 시절에 일본에서 머물게 된 것

---

18) 김재석, 전게서, p.165.

은 이런 점에서 당시의 문화를 체감할 수 있었던 시기로 이해된다. 또한 애국주의적 신파극과 신문소설의 각색을 통한 신파극 공연의 붐을 보면서 자신 역시 어떤 발견의 시작을 경험한다. 즉, 신문소설의 독자가 신파극의 관객이 되고, 신파극 관객이 신문의 독자가 되는 관계로 전이되는 순환적인 상황은 당시의 일본 신문판매를 늘리는 일등공신의 역할을 수행하였다. 이인직은 이러한 경험을 통해 자신의 작품도 신문에 연재하고 이를 공연하는 방안을 구상하였던 것이다. 더구나 이인직이 생각하는 연극인 카와카미 오토지로는 정치계의 거물인 이토 히로부미와 친밀한 관계를 유지하고 있었던 것도 이인직에게는 중요한 계기가 된다. 두 사람의 만남이 일본 메이지 정부의 연극 개량 정책으로 인해 시작된 점도 이인직이 가진 정치적인 야심에 도움이 되었을 것이다.

일본 연극인의 이토와의 관련은 그가 연극 공부를 위해 프랑스를 방문할 때 이토가 방문 비용을 주선했다는 점과 이후로도 든든한 후원자 노릇을 지속했다는 점에서 확인된다. 이후 통감으로 부임한 이토 히로부미는 카와카미 오토지로를 한국 연극 개량의 표상으로 삼아 메이지 정부의 연극 개량 정책을 한국에서 통감부 주도로 다시 펼쳐보이려는 야심을 드러냈다. 이는 그가 내내 여러 연극인들에게 언급한 '조선인을 교화하는 데에 있어서 조선의 역사를 이용해 보여주어야 한다'는 설명과 이를 이인직의 신연극인 <은세계>에서 내용적으로 수탈로 얼룩진 조선 역사의 한 부분을 통해 적극적으로 묘사되었다는 점19)에서 통감

---

19) 김재석, 전게서, p.167.

부의 입김이 그대로 신연극 <은세계>에 미치고 있다는 사실을 반증한다고 하겠다.

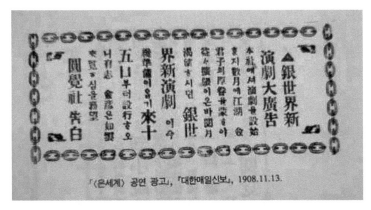

「<은세계> 공연 광고」, 『대한매일신보』, 1908.11.13.

당시의 은세계 신문 광고

신식(新式)이라고 이해되는 이러한 신연극적인 가치나 내용은 당시 조선의 상황이나 입장에서는 거의 생소한 내용과 표현으로 감싼 말 그대로 새로운 형태 혹은 문화의 양상으로 다가왔다. 일본에서 시작된 신파극은 구파에 대한 반대의미로서의 새로운 문화 혹은 문명을 지칭하는 단어로 사용되기 시작하였지만, 우리에게 전래될 때는 이처럼 철저한 목적성을 기반으로 한 정신개조를 기반으로 한 고도의 정치적 전략의 하나로 채택되어 실행된 것이다. 결국 일본연극은 선진연극이자 발전된 연극이라는 인식을 기반으로 우리의 전통연극을 지난 연극 내지는 후진적인 연극의 모습이라는 인식을 강하게 주입하여 공연의 양상이나 내용에 있어 '새로운' 이미지를 부각시켜 과거의 전통을 낡은 것

혹은 버려야 할 것이라고 규정하여 일본의 이미지를 세탁하려고 한 고도의 전략으로 시행된 것이다.

일본 신파극을 연극 개량의 결과물로 정착시키고자 한 통감부 정책이 있고, 거기에 적극 호응한 이인직이 신연극 <은세계>를 창작하고 공연을 기획하였으며, 당대 정치권 실세들이 원각사를 적극 지원하여 성사된 공연이 바로 신연극 <은세계>였다.

1908년 7월 26일 원각사는 종합적 연행물 경연을 시작하였다. 승인 즉시 공연을 시작할 수 있을 정도로 제반 준비가 잘 되어 있었음을 볼 때, 극장 설립 준비가 훨씬 이전부터 잘 진행된 것으로 보인다. 또한 준비된 배우가 규모면에서도 다른 극장을 압도하는 여성 24명, 남성 40명으로 짜여진 점도 이런 준비과정을 엿보는 단서가 된다. 하지만 원각사는 개관 직후 이인직이 일본으로 떠나 종합적 연행물 공연을 지속한다. 이 종합적 연행물은 창(唱)과 전통 연희를 중심으로 기녀가 중심이 된 기예 등이었으므로 비판의 목소리가 높았다. 새로운 풍속이나 공연을 통한 개화 등과는 아무 상관없는 그저 평범한 공연이 전부였기에 새로 연 극장에 대한 기대감은 사라지고, 구시대적인 색채가 농후한 공연만 지속했기 때문이었다. 이는 이인직 외에 신연극에 대한 이해가 거의 없었기에 나타난 현상이었다. 이 무렵 정부 관리들의 원각사 지원 방문이 없었다면, 관객 수입으로는 극장운영은 곤란한 형편이었다.

1909년 5월에 귀국한 이인직은 원각사를 일본 연희를 모범 확장하는 새로운 연극을 구상하면서 연습을 시작한다. 소위 "일본 연희를 모범 확장할 차로 창부와 공인배가 일삭위한(壹朔爲限)하고 일본연극을 연습"하기 시작한다.[20] 일본에서 관람한 연극을 참고하여 신연극을 보여주는 의욕을 드러낸다. 그리고 자신의 소설을 각색한 신연극 <은세계>를 일본식 연극형태로 올린 것으로 추정할 수 있다. 왜냐하면, 극중 최병도가 억울하게 죽어 무대에서 나올라치면 손님들 중에서 엽전을 목에 걸어준 경우가 소개되곤 했는데,[21] 이렇게 배우에게 엽전을 걸어주려면 일본식 무대인 화도를 통해 배우가 나올 때 관객석에서 배우에게 접근할 수 있기에 가능하기 때문이다. 즉 일본식 무대와 형태를 기반으로 이 작품을 연기한 것으로 이해될 수 있으며, 이런 추정이 가능한 것은 일인배우를 통한 무대 연습과 기반을 통해 소위 새로운 연극을 보여주는 효과가 높았다는 당시의 견해를 받아들이면 이 방법 외엔 다른 방식의 형태가 잘 생각나지 않기 때문이다.

공연을 통해 이인직은 자신이 가진 서구문명에 대한 동경과 일본에 대한 우호적인 입장과 우리의 구원자로서의 역할 등을 충실하게 연극을 통해 전달했다. 그리고 이 연극의 성공에는 숨겨진 의도와는 달리 형태적인 우수함과 공연을 통한 극적 전개, 음악의 효과적 사용 등 당시 다른 공연에서 볼 수 없는 서구적인 무대와 전개 양식 등에서 크게 효과를 거둔 것으로 알려져 있다.

---

20) 김재석, 전게서, p.179.
21) 이동백,한성준 대담, 가무의 제문제, 춘추2권2호, 조선춘추사, 1941.3. p.151, 김재석, 전게서, p.182. 재인용.

2. 자발적 태도와 타성적 안주

이 시대에 주목되는 인물은 임성구로서 일본 신파극을 들여온 것으로 알려져 있다. 한일합병 직후 본정통에서 일하던 당시 본정통 3가에 들어와 있던 경성극장에서 저녁마다 신발 표 관리인으로 일하며 극장에서 공연하는 작품을 엿보며 신파극을 배우고 익혀 1911년 혁신단을 창립했다.

1911년 초 겨울에 남대문 밖 어성좌에서 막이 오른 창립공연 <불효천벌(不孝天罰)>은 흥행면에서 실패했고, 이듬해 2월 구정 초에 '연흥사'에서 제2회 공연 <육혈포강도 六穴砲强盜>가 대성황을 이루어 흥행극단으로서 인식되기 시작했다. 이들은 신파란 말로 자신들의 연극 형태를 지칭하였는데, 구파극인 <가부키(歌舞技)>에 대비된 신파란 의미를 사용함으로써 새로운 이라는 의미를 강조하였다. 하지만 내용적으로는 일본의 신파극을 그대로 옮겨온 것이어서 우리가 생각하는 풍속개량이나 문명개화 혹은 선진문명 등을 이해하는 데에는 한계가 있었으며, 이로 인해 일본에서 직접 연극을 접하고 온 유학생들에 의해

'사극(邪劇)' 이라는 비난을 받게 된다는 점을 미루어 생각하면 단지 흉내를 통해 새로운 형태의 연극을 보여주는 단계라고 보는 것이 타당하다. 그럼에도 이 극단의 연극은 흥행적으로는 크게 성공을 이룬다. 당시 국민들에게 이 연극의 형태는 지금까지 경험하지 않은 선진적인 연극형태와 배우의 연기술을 바탕으로 내용면에서도 접하지 못했던 신선함이 많았던 까닭이다. 또한 일본이 군주국의 모습을 갖추면서 군사극을 통한 내용이 주류를 이룬 점도 주목을 하게 만든다. 이 군사극은 점차 탐정극이나 가정비극으로 내용이 변화되었지만, 식민지가 되는 형편에 드러난 군대 문화나 군사의 모습을 공연 속에서 만나는 것은 체감적으로 새로운 문화적인 충격이 되었다는 점은 부인하기 어렵다.

조선을 둘러싼 청.러.일의 각축

한편 혁신단의 공연 목록은 일본의 신파극을 번안한 작품, 신문에 연재된 번안소설을 각색한 작품 등이었으며, 그는 연출과 주연 등의 각 부문에서 철저한 스타 시스템을 관철했다. 그리고 동시대에 각축을 벌이던 문수성과 비교할 때 혁신단은 조선식으로 분위기를 바꾸어낸 대중적 스타일의 공연을 한 것으로 흥행면에서 앞서 나간 사실이 이를 반증한다.

이후, 일본에서 유학하고 귀국한 윤백남은 임성구의 연극을 '대중을 그르치는 사극(邪劇)'이라 비판하면서 일본의 연극에서 모범을 찾은 정극(正劇)을 표방하였다. 비슷한 시기에 귀국한 이기세 역시 일본배우인 즈카모토에게 연기지도를 받고, 연극을 통한 사회교육을 극단의 목표로 삼았다. 이기세는 동경에서 유학생활을 보내면서 소인극을 해보기도 했으며, 1912년 귀국한 후 개성에서 유일단(唯一團)을 만들어 주로 일본 작품의 번안극을 공연한다.

귀국을 통해 연극활동을 활발히 개시하면서도 한편으로는 두 사람 모두 일본의 신극을 중심으로 연극을 드러내는 것이 문명사회에 나아가는 길이라고 판단한 것이다. 이런 공연의 성과는 관객으로 하여금 신문명에 접근할 기회를 제공하고, 일종의 문화에 대한 흐름을 일깨우는 역할을 했음이 틀림없다.

각자 활동하던 이기세는 1916년 예성좌라는 극단을 조직한다. 이 두 사람의 협력은 당시에도 큰 주목을 받게 된다. 일본에서 유학한 두 사람이 조직을 결성한다는 사실도 그렇거니와 이들이 주장하는 새로운 연극활동에 대한 기대가 높았기 때문이다. 이들은 일본인의 공연을 번역한 <카튜사>라는 작품을 1916년에 무대에 올리고 '근대극'이라는 이름까지 부여받게 된다.[22] 여기에서 근대극이라는 말은 당시의 연극적 형태나 무대사용, 조명, 분장, 발성법이나 연기술, 극적 장치 등을 포괄적으로 표현하여 가장 시대적으로 앞선 새로운 내용과 형식으로 표현되었다는 의미로 사용되었다. 이런 까닭에 공연을 통한 무대의 변화양상은 관객에게 직접적으로 새로움을 부여하는 수단으로 작용하며, 주제적인 접근 역시 참신하게 전달되었다는 것을 말한다.

새로운 문화적 체험과 이를 바탕으로 한 공연의 제작은 어느 하나의 부분에 국한되지 않기에 이처럼 문화적인 양상으로 드러나는 경우, 그 실체의 내용을 하나하나 구체적으로 이해하기는 힘들다. 다만 '근대'라는 의미가 역사적인 맥락에서의 가장 앞선 시대적인 언어로 사용되었다는 것을 짐작한다면 이 말이 지닌 공연의 성과나 의미가 어느 정도 이해될 수 있다.

신극이 가진 가치에 대해서는 이들의 주장을 통해 확인할 수 있다.

> 당시 연극인들의 포부와 경륜은 자못 커 동경의 장사극이나 서생극 모양으로 사회교육이란 커다란 곳에다 그 목표를 두었다. 치기에 넘치는 생각이라고 할지 모르나 그 때 우리는 연극은 사회교육을 위하여 가장 효과적인 방도라는 신념하에서 움직인 것이 사실이다.[23]

이런 주장은 신극을 대하는 유학생들의 생각을 대신한다. 당시 유학생들은 연극운동을 통한 계몽이라는 것이 어떤 방법의 계몽사상의 확

---

22) 양승국, 1920-30년대 연극운동론 연구, 서울대박사학위논문, 1992. p.39.
23) 이기세, 전게서,

산보다 가장 구체적이고 분명한 활동이라고 믿고 있었다. 이런 믿음에는 서양에서 전해진 연극운동과 여성해방을 비롯한 사회운동으로서의 연극의 역할에 대해 주목했기 때문이다. 이런 까닭에 연극을 통한 풍속 개량과 사상개조는 당면한 우리 현실을 타파할 수 있는 가장 중요한 계몽의 수단으로 생각한 것이다. 이 점은 앞서 이인직이 일본에서의 방문을 통해 얻은 결론과 유사한 결론으로 이해된다.

3. 근대의 파레시아

1) 유학생들의 활동

일본으로 유학을 간 학생들은 환경과 제도나 모두 낯선 곳에서 신학문을 접하게 된다. 이 신학문은 우리가 경험적으로는 한 번도 배우거나 습득하지 못한 새로운 내용과 형태를 갖춘 신문화였고, 이런 문화적인 충격을 벗어나기 위해 자신들을 담금질하며 공부에 매진하였을 것이다.

유학생들은 주로 서양의 고전극 및 근대극 작품, 특히 셰익스피어·괴테·하우프트만·고골리·체호프·고리키 등의 희곡을 연구, 토론하였다. 희곡이 주류를 이루게 된 것은 서양의 대부분 고전이 극양식의 작품으로 쓰여진 데다 당시 이 같은 연극활동으로 작품의 내용을 이해하고 전파하려는 시도가 활발했기 때문이다. 유학생을 중심으로 결성된 극예술협회의 주요 맴버는 김우진(金祐鎭)·조명희(趙明熙)·유춘섭(柳春燮)·진장섭(秦長燮)·홍해성(洪海星)·고한승(高漢承)·조춘광(趙春光)·손봉원(孫奉元)·김영팔(金永八)·최승일(崔承一) 등 10여 명이었다. 이들은 한국인이라는 공통된 분모로 일본에서 공부하는 학생의 신분이기에 어떤 정치적인 의도나 목적이 없는 순수한 모임으로 출발하였으나, 모임이 지속되면서 자신들의 공부를 통해 조국에 무엇인가 의미 있는 활동을 해야한다는 목적의식을 지니게 된다.

당시 가장 대중적인 매개인 연극을 중심으로 연극운동을 통한 사회개조나 풍속개량의 효과가 두드러지는 활동을 선택한 것은 유학생들을 중심으로 자신들의 공부 결과를 모아서 결정한 것이리라. 이 점을 고려하면, 공연활동을 통한 대중교화와 개화에 대한 인식의 고취라는 측면에서 그리고 국권회복을 위한 노력을 해야 한다는 당면의 문제를 모두 공연을 통해 해결하려는 의지를 피력한 것으로 이해된다. 다만 이런 공연이 지속되기 위해서는 여러 난관이 있다는 점을 미리 준비하지 못한 것은 아쉬움으로 남는다. 공연을 위해서는 대본과 극장을 대여하고 배역을 정해 연습을 해야하는 등 준비해야 할 시간과 장소가 필요하다. 그런데 유학생들의 모임은 그같은 사정을 충분히 고려하여 극단활동을 지속할 것을 준비한 것으로 보이지는 않는다. 당시의 유행인 연극을 통한 계몽과 의식을 개조하는 가장 좋은 방편으로서 연극을 선택하였기에 이런 계획은 시작부터 어려움에 봉착할 수밖에 없었다.

바로 이 점은 계몽이라는 큰 틀에서 이해되는 정신적인 노정은 충분히 짐작될 수 있었지만, 구체적인 현실을 직시하지 못했다는 점에서 개화한 유학생들이 보여주는 반쪽짜리의 파레시아에 지나지 못한 결과를 초래한다. 그럼에도 불구하고 유학생들은 각자의 위치에서 처절하리만치 이 공연을 위해 실천적인 의지를 드러낸다.

1921년 여름 동경의 한국 고학생과 노동자들의 모임인 동우회(同友

會)에서 동우회회관을 짓고 이 장소를 중심으로 모임을 지속하자는 의견에서 장소를 위한 건립기금을 모으기 위해 하기순회 연극단을 조직해달라는 요청이 있자, 극예술협회는 순회공연을 통해 실지 무대에서 그들의 연극운동을 실천하고 아울러 기금마련과 유학생들의 경제적인 어려움을 극복하려는 의지에서 이 요청을 받아들이게 된다. 조직된 극단은 동우회순회연극단으로 명명되었으며 연습을 통해 순회공연을 시도하였다.

극단에서 연습한 무대극은 서양의 세련된 극장 무대를 변형하여 우리 실정에 맞도록 부분적으로 무대를 개조하면서 공연한 것으로 알려져 있다. 서양식의 사실주의적 무대장치나 의상 등은 가급적 표현을 유사하게 시도하면서도 우리 형편에 맞도록 부분적으로 수정하거나 고쳤다.

동우회는 1920년 동경에서 조직된 노동자·고학생의 친선단체인 동우회(同友會)에서 조직했는데 동경에 거주하는 한국인 노동자 3000여 명을 회원으로 하고 있었다. 국내의 순회연극을 목표로, 1920년에 조직되어 있던 동경유학생들의 연극연구단체인 극예술협회(劇藝術協會)와 연대하게 되었다. 조직면에서 많은 인원을 갖춘 동우회의 회원수는 유학생들의 모임과 연대하면서 외형적인 면뿐만 아니라 내실에 있어서도 지식인들이 대거 참여하는 단체로 발돋움할 수 있는 계기가 되었다. 그리고 이런 연대는 두 단체에게 일종의 상보적인 역할을 수행할 수 있도록 길을 열게 되어, 의지를 표명하는 단체로 거듭나게 되는 계기가 된다는 점에서 의의를 찾을 수 있다. 두 단체의 조합으로 인해 순회공연은 기획된다. 즉 새로운 문화나 서구 선진 사상을 동포들에게 직접 확산시키는 것을 목적으로 각 지역을 방문하여 공연하는 방식을 채택한 것이다.

1921년 봄 이후에 준비를 마친 동우회와 극예술협회는 하기방학을 이용하여 국내 순회극단을 조직, 1921년 7월 7일 에서 8월 18일 까지 전국 주요 도시 순연(巡演)의 길에 나섰다. 이 일행은 동우회 간부인 임세희(林世熙)를 단장으로 하여 모두 22인으로 구성되었는데, 그 대부분은 극예술협회의 회원이며, 이 단체의 동인이 아닌 이로는 마상규(馬湘圭)를 비롯한 몇 사람이 있었을 뿐이었다. 이는 단체의 성격이 공연이라는 측면과 방학을 이용하여 각 지역을 순회하는 것이었는데 대부분의 회원이 직업을 갖고 있는 노동자들을 중심으로 한 동우회에서는 참여가 상당히 부담스러울 수 있었다. 또한 순회공연의 성격상 연습과 활동할 시간이 필요했는데 이를 담당하기 어려운 여러 현실적인 면이 많을 것으로 추측된다.

순회공연의 주된 연출은 극예술협회를 주도하던 김우진(金祐鎭)이 맡았는데, 그는 동우회의 취지에 찬동하여 국내 순회공연비 일체를 자신이 부담하기까지 하였다. 연기자는 유춘섭(柳春燮)·홍영후(洪永厚)·공원호(孔元昊)·조명희(趙明熙)·김석원(金錫元)·마상규·홍해성(洪海星)·김기진(金基鎭)·허일(許一) 등이었다. 대부분 주로 문학을 공부하면서 일본에서 활동한 유학생들인 셈이다. 국내 순회공연을 위한 프로그램은 연극 외에 홍영후·윤심덕(尹心悳)·한기주(韓琦柱) 등의 독주와 독창은 물론 강연까지 곁들여 다채롭게 꾸며졌으며, 상연작품은 번역극보다 당대의 절박한 현실문제를 취급한 창작극이어야 한다는 의견이 우세하여, 김우진이 번역한 던세니(Dunsany,L.)의 <찬란한 문 The Glittering Gate> 이외에 조명희의 창작극 <김영일(金英一)의 사>, 홍영후의 동명소설을 각색한 <최후의 악수>등의 레퍼토리를 가지고 공연하였다.

순회공연은 1921년 부산 · 마산 · 김해 · 경주 · 대구 · 목포 등 지방 도시를 순회하면서 진행하였고, 7월말 서울의 단성사(團成社)에서 4회의 공연을 성황리에 진행하였다. 이어서 다시 평양 · 진남포 · 원산에서 순회공연을 계속한 뒤 서울로 돌아와 8월 18일 종로의 조선중앙기독교청년회(YMCA) 회관에서 해단식을 거행한 것으로 알려져 있다.

일본에서 공부한 선진학문을 배경으로 연극을 통한 풍속개량과 다양한 표현방법을 구체적으로 드러내고, 서구식 연출방법과 무대사용법을 통해 공연의 방법이나 내용을 발표하는 양상을 드러낸 것이다. 김우진이 갖춘 서양연극에 대한 지식과 방향은 당시 일본에서도 선구적이라고 할 만큼 서구의 양식과 방법 등을 제시하였으며, 참여인원의 면면에서 확인되는 다양한 분야의 직접 연주, 노래, 소개 등을 통해 서구식 문화의 내용을 전달하는 데 역점을 두었을 것이라고 보여진다. 또한 동우회 순회연극단은 재일 유학생의 민족의식을 연극을 통해 드러낸 것이기에 연극의 레퍼토리에서도 사회주의적인 내용이나 개성과 자유에 대한 갈망 등이 적극적으로 표현되어 서구식 문화를 구현한 것이라고 볼 수 있으며, 공연은 아니지만 재일 유학생의 모임인 학우회의 지역을 방문하여 지식을 통해 근대문명과 문화에 대한 깨우침을 전달하고자 한 순회강연이나 거의 동시대에 활동한 갈돕회 연극의 국내 순회 공연을 통해 드러내고자 한 문화개화를 통해 제시하고자 한 우리 한민족의 고유성이나 역사성 등과도 그 맥이 닿아 있다고 할 것이다. 또한 다양한 지역을 고루 선택하면서 지역민을 현장에서 만나 최대한 문화적인 맥락에서 공감을 할 수 있는 여건을 조성함으로써 사상개조에 매진한 흔적으로 이해할 수 있다.

2) 국내 단체의 활동

갈돕회는 조선노동공제회(朝鮮勞動共濟會)의 후원으로 윤백남(尹白南)과 이기세(李基世)의 지도를 받으며, 1921년 2월 서울 종로 기독교 청년회관에서 처음으로 윤백남의 희곡「운명(運命)」을 무대에 올리게 된다. 그리고 같은 해 7~8월 하기휴가를 이용하여 평양·경주·군산·광주 등을 찾아 순회 공연하였다. 공연한 작품은「운명」외에도 정극「빈곤자(貧困者)의 무리」·「승리」, 희극「유언」등 국내 기성극단에서 이미 상연했던 작품들을 중심으로 레퍼토리를 갖추었다.

평양 공연에서는 특히 계정식(桂貞植)의 바이올린과 박성심(朴聖心)의 독창이 인기를 끌었고 연극적인 공연은 부분적으로 미흡함이 적지 않은 것으로 드러난다. 사실 갈돕회 순회연극단의 시작은 서울에서 결성된 고학생 친목 단체인 갈돕회로 이 단체가 국내와 일본에서 유학하던 고학생인 회원들의 학비와 생활비를 마련하기 위해 서울과 일본에서 조직된 순회 연극단으로 같은 이름의 한,일 순회 공연단인 셈이다.

일본의 도쿄[東京] 고학생 갈돕회에서도 1922년 하기방학을 맞아 7월 5일 부산에 도착하자마자 8월 9일까지 구성원을 일신하여 전국의 주요 도시는 물론, 간도까지 순회공연을 계속하다가 함경북도 회령 공연을 끝으로 해산하였다. 주로 지역의 대도시를 순회한 공연이었지만, 이들의 공연순회 소식은 지역민은 물론이고 타지역에 사는 사람들에게 큰 화젯거리였을 것이다. 당시의 공연이 주로 포장무대를 중심으로 창이나 전통기예를 보여주는 데 반하여, 이들의 공연은 서양악기를 중심으로 한 연주나 전통 창이 아닌 성악공연, 그리고 무대를 중심으로 한 연극공연이 주를 이루는 새로운 공연형태를 만나게 된다는 점에서 그렇다. 사실 개화기 시절을 지나 우리 국민들에게 무대는 소문으로도 들을 수 있는 보편적인 상황이긴 했지만, 직접 무대를 보면서 작중인물이 가진 감정을 공유하는 데에는 여전히 익숙하지 않을 것이어서 이들이 보여주는 무대나 공연의 내용은 특별한 경험이 된다. 더구나 간도지역까지 방문함으로써 동포에 대한 애정을 드러내고 한민족의 동지의식을 심어준 사건은 매우 의미 깊다. 단지 공연이라는 명분으로 간 것이지만 이는 자연스럽게 동일한 감정을 느끼고 무대를 통해 공감하는 정신의 교합이라는 점에서 특별한 경험을 선사한다.

또한 신파극에서 만났던 과장된 몸짓이나 억지스러운 감정의 고조에 비해 서양 무대극을 기본으로 한 근대화된 작중인물이나 직업에 대한 생각, 자연스러운 연기와 실제감을 주는 무대환경 등은 접해보기 힘든 무대의 경험을 선사했을 것이다. 그렇기에 순회공연은 각 지역마다 큰 호응을 받았으며, 이들의 공연에 대한 소회 역시 남달랐기에 해단식과 같은 행사를 통해 그 의의를 자축한 것이다.

일본 갈돕회의 구성원은 단장 최진순(崔瑨淳)을 비롯해서 무대감독 이수창(李壽昌), 배경장치 임성기(林星基), 건축부 이규영(李奎榮), 단원 김철(金哲)·최갑춘(崔甲春)·조봉암(曺奉岩)·이지재(李智載)·정병기(丁炳基)·이민행(李敏行) 등이었다. 공연 작품으로는 주로 학생들의 창작극인 이규영(李奎榮)작 비극「선구자(先驅者)의 보수」, 이수창(李壽昌)작 사회극「신생(新生)의 서광(曙光)」, 이수창역 희극「철권제재(鐵券制裁)」등이 있다.[24] 이들은 1921년 7월 9일부터 8월 18일까지 약 한달 동안 부산·김해·마산·경주·대구·목포·서울·평양·진남포·원산 등지에서 공연을 가졌다. 이들이 갖고 있는 열정과 의지는 각지의 관람객들에게 나름대로 공연을 통해 혹은 여러 공연을 통해 전달되었다. 방학을 맞이하여 같이 모임을 한 일행들은 각지를 방문하면서 극단의 취지를 살려 공연을 함으로써 민족개화와 근대에 대한 열망을 사람들에게 전파하였다. 공연을 모두 종료한 후 그들은 서울 종로 YMCA회관에서 해산식을 거행하였다. 해단식을 행한 장소가 근대화의 상징과 같은 YMCA회관에서 행함으로써 이들이 가진 의지를 드러낸다.

1923년에는 형설회순회연극단(螢雪會巡廻演劇團)을 조직하여 6월 9일에 동경 스루가다이(駿河臺) 불교회관에서 시연회를 가지고, 7월 6일부터 8월 1일까지 동우회순회연극단과 거의 같은 방향으로 순회공연을 가진 뒤에 곧 해산하였다. 불교회관에서 가진 시연회는 일종의 순회공연에서 선보일 공연을 선보인 자리였고, 그 공연의 성과나 내용이

---

24) 한국민족문화대백과, 「갈돕회」 항목 참조.

형설회

상세하게 알려지지는 않지만 이들이 이후 여름방학을 이용하여 동우회순회연극단과 마찬가지의 방법으로 각 지역의 거점 도시를 중심으로 순회공연을 한 것으로 보아 당시 학생극을 통한 일종의 사회계몽과 근대에 초점을 맞춘 공연을 한 것으로 이해할 수 있다. 이런 학생 순회공연의 성공으로 인해, 국내에서는 고학생의 순회연극단들이 매우 성행하게 되었다. 여기서 더 발전된 형태로 조직한 유학생들의 모임인 극예술협회는 다른 악기연주나 음악공연을 없애고, 순수한 연극을 중심으로 공연을 시도하였다. 기성극단이나 성인들의 연극단체도 아니면서 저급한 신파극만 유행하던 1920년대 초에 이들은 당시 유행하던 서구극을 바탕으로 이를 번역하고 무대화하여 정통 서구 근대극을 알리고 근대정신을 통해 개화된 사상이나 인간의 의지, 자유, 삶에 대해 다양한 방법의 시도를 보여주었다. 일종의 서구식 무대극을 통해 배우 중심의 연극인 소인극(素人劇)을 유행시키는 원동력이 되었고, 당시 유입된 사실주의적인 희곡을 바탕으로 연극을 꾸몄기에 서구 사실주의극(寫實主義劇)을 우리에게 처음으로 시도한 단체라고 볼 수 있다. 사실주의적 무대와 배우의 연기를 바탕으로 현재 처한 현실을 일깨우고 우리가 놓인 상황을 이해할 수 있도록 무대를 꾸몄다.

토월회 동인

극예술협회가 정식으로 조직된 것은 1923년 5월 경, 당시 동경에서 대학을 다니던 박승희(朴勝喜)·김복진(金復鎭)·김기진(金基鎭)·이서구(李瑞求)·박승목(朴勝木)·김을한(金乙漢)·이제창(李濟昶) 등이 시작한 유학생 모임으로부터 출발되었다. 그러나 무대예술 지망의 박승희를 제외하고는 문학의 김기진, 의학의 박승목, 조각의 김복진, 미학의 이서구, 영문학의 김을한 등 모두가 연극과는 거리가 멀어 처음에는 예술전반에 걸친 문예서클로 시작하였다. '토월회'란 명칭으로 발족한 첫 모임에서는 김복진의 자화상 조각, 박승목의 승무도안, 김기진의 단편소설, 객원이었던 김명순(金明淳)의 시, 박승희의 창작희곡 <길식 吉植> 등을 발표하고 같이 합평하는 일종의 유학생 자신의 작품을 자발적으로 토론하는 문학과 예술의 분석 비평을 주로 하였다. 이렇듯 작품발표회 겸 합평회를 거듭하는 동안 여름방학을 이용하여 회원들은 대중에 파고들만한 연극이 효과적인 것이라는 데 의견을 모으고 연극을 골라서 선정하게 된다.

유진 필롯 작 <기갈 飢渴>(전원 출연), 체호프(Chekhov,A.P.) 작 <곰>(延鶴年 주연), 쇼(Shaw,G.B.) 작 <그 남자가 그 여자의 남편에게 어떻게 거짓말하였나>(박승희 주연), 그리고 박승희 작 <길식>(김기진 주연) 등 단막극 4편을 선정하였다. 일본에서 방학을 맞아 우리 땅에 귀국한 동인들은 당시 찾기 힘들었던 여배우로 이월화(李月華)·이혜경(李惠卿)·이정수(李貞守) 등 3명을 확보하고 연습을 시작, 그 해 7월 4일에 조선극장에서 제1회 공연의 막을 올렸다. 첫 공연은 "무대장치와 등장인물의 조화가 매우 교묘하여 식자의 칭찬이 많았다."(동아일보)는 보도에서 느낄 수 있듯이 리얼한 연기와 무대미술이 주목을 끌었다. 과장되고 황당무계한 신파극만 보아오던 관객들은 부분적으로는 미숙하지만 리얼리즘에 가까운 그들의 진지한 연기에 공감하고 사실적인 무대의 배경그림이나 장치·인물이 무대에서 사용하는 소품 등에서 신파극과는 다른 사실감과 현실적인 모습을 통해 긍정적인 면을 바라보았지만, 전체적인 극이 주는 내용의 생소함과 이해의 어려움, 번역극이기에 우리와 다른 정서와 교감의 힘듦 등 서양극이 주는 낯섦이

오히려 장애요소로 작용하였다. 결국 무대경험이 없는 유학생들의 공연은 빚만 지고 실패로 끝났다. 열정만으로는 공연이 갖는 현실의 벽이 높다는 것을 체감한 것이다.

이들은 박승희의 강력한 주장을 좇아 제2회 공연에 착수하기로 하였다. 그리하여 무대미술에 이승만(李承萬)·원우전(元雨田)·윤상렬(尹相烈) 등을 보강하고, 연기진에는 안석주(安碩柱)·이백수(李白水)·이소연(李素然)과 신인으로 김해일(金海一)·조천성(趙天星)·최성해(崔星海) 등을 기용하였다. 당시로서는 쟁쟁한 구성원들로서 명실상부한 극단으로 진용을 갖추었던 것이다. 더구나 유학생들로 구성된 구성원을 연기를 직접 할 수 있는 새로운 인물을 과감하게 기용함으로써 학생극이라는 혹은 아마추어라는 한계를 극복하고자 하였다. 여기에 더하여 레퍼터리로 대중성을 띨만한 마이어 퓌르스터(Meyer-Förster,W.) 작 <알트 하이델베르크>, 톨스토이(Tolstoi,L.N.)작 <부활>, 스트린드베리(Strindberg,J.A.) 작 <채귀 債鬼>와 제1회 때 평이 좋았던 쇼 작 <그 남자가 그 여자의 남편에게 어떻게 거짓말 하였나>에서 그 여주인공의 이름을 따서 새롭게 작품명을 지은 <오로라> 등 4편으로 정하였다. 이런 작품들은 모두 문학지 등을 통해 제법 소개가 이루어지고, 많은 이들에게 관심의 대상이 된 작품들이어서 1회의 순회공연과는 다른 분위기라는 것이 그들의 판단이었다.

자금조달에서부터 번역·각색·연출·연기까지 총 책임을 박승희가 맡았고, 장치는 김복진과 이승만이 원우전의 조력을 받는 등 만전을 기하여 일본의 쓰키지소극장(築地小劇場) 보다 무대시설이나 장치가 더

앞설 정도였다고 한다. 그리하여 9월 18일부터 24일까지 조선극장에서 막을 올린 제2회 공연은 대성공을 거두었고, 창립공연의 빚을 청산함은 물론 조선의 대표적인 극단이라는 명성을 얻었다. 특히 <부활>에서 카츄사역을 맡은 이월화는 1회 공연부터 무대에서 배우로 활동하면서 점차 안정적인 연기로 호평을 받고, 상대역인 네프류도프역의 안석주는 새로 영입한 배우로 적역을 맡아 관객들에게 인기가 높은 것으로 알려져 있다. '토월회'로 명칭을 하고 공연한 극예술협회의 <부활>과 <알트 하이델베르크>는 둘 다 사랑을 테마로 한 작품들로서 예술성보다는 대중성이 더 강한 것이었으며, 이보다 앞서 일본에서도 문예협회(文藝協會)와 예술좌(藝術座)가 상연하여 그 대중성내에 지나친 감정적인 격랑을 상업적으로 몰아가고 있다고 지적받은 바 있었다. <부활>은 이미 1916년에 신파극단인 예성좌(藝星座)를 통해 근대극이라 선전하면서 공연한 적도 있었다. 토월회의 제2회 공연은 대중을 깊이 의식한 공연으로서 대중들에게 자신들의 역량과 무대 공연의 성격을 나름대로 드러내어 단체의 성격과 앞날의 방향을 예시해준 것이었다.

　토월회의 주역 박승희가 일본에서 체험하고 배워온 것은 정통 리얼리즘이 아니었다. 흔히 일본 근대극의 본격적 출발이라 할 동경의 쓰키지소극장(1924년 창립)이 생기기 이전에 귀국한 그가 경험한 것은 일본의 신파극과 그 신파극에서 신극이라 불리는 리얼리즘극으로의 이전기라고 할 수 있는 과도기적인 연극의 형태와 공연 방식이었다. 그런 까닭에 토월회의 제2회 공연은 "서울에서 처음 보는 연극이요, 처음 듣는 말이었고, 토월회가 하는 것이 정말 연극이었다는 반응과 함께 젊은

이의 순결한 정열과 열정으로 절대적인 수확을 얻게 되었으며, 따라서 진부한 조선극단의 레벨을 어느 정도까지 본격적인 그것으로 이끌어 놓았다."[25]는 등의 평가도 받았던 것이다. 여기서 주목되는 것은 서울에서 처음 보는 연극과 말이었다는 것으로 이것이 사실주의적인 문법과 장면으로 그리고 신파극에서 버릇처럼 행하는 과장이 없는 자연스러운 연기를 통한 연기술을 말하고 있음을 확인할 수 있다. 적어도 일본에서 유학하면서 이론적으로 배운 연기의 리얼리즘이라는 것이 실제 생활에서 사용되는 언어를 기반으로 자연스럽게 무대에서 구현되는 것이야말로 좋은 연기라는 사실을 연출을 총괄한 박승희에 의해서 연극을 통해 전달되었음을 확인 할 수 있기 때문이다. 더구나 지금까지의 신파극적인 과장과 일본어조의 특유한 억양과 여러 장치들을 통한 감정적인 과잉이 익숙하게 들었지만 어색해 하던 우리 관객에게 이 공연이 주는 신선한 자극은 크게 고무적이어서 연기가 뒷받침된 공연으로 드러난 2회 공연은 큰 성공을 거두게 된 것이다. 하지만 다른 평가에서는 여전히 공연의 질적 수준이 학생들이 학평회하는 수준이라는 평가 역시 존재했다는 점에서 유학생들을 중심으로 운영되는 극단의 한계가 자주 노출되었다는 사실도 확인할 수 있다. 토월회가 무대장치에서 사실주의를 지향하여 재래 공연이나 개화기에 들어온 일본의 신파극을 훨씬 넘어섰으나, 배우들의 연기가 미숙하였으며 극예술에 전혀 경험이 없는 문학과 미술학도들의 문예서클의 한계를 쉽게 극복할 수 없었기 때문으로 평가된다.

---

25) 김연수, 극단야화, 『매일신보』, 1931.5.23.

토월회(알트 하이델베르그) 공연 기념(1923.9)

　토월회는 제2회 공연을 분수령으로 하여 큰 전기를 맞게 되었다. 애초 하기방학을 이용하여 단 한번만 공연하고 그친다는 계획이었는데, 제1회 공연이 실패하여 큰 적자를 봄으로써 제2회 공연을 하게 되었고, 게다가 관동대진재(關東大震災)마저 일본에서 발생되어 유학생들은 일본으로 가지 못하고 서울에 머무르게 되었다. 이 두 가지 일이 어느 정도 수습되었을 때, 토월회의 애초 사명인 근대적인 문화의 보급내지는 우리 국민들에게 근대정신을 계몽한다는 취지의 의도는 달성되었다고 판단하는 유학생과 아직 그런 연극을 통한 계몽이 오히려 더 필요하다는 주장으로 나뉘게 된다. 대부분의 창립회원은 두 번의 공연을 통해 이 같은 의도와 계획이 어느 정도 달성되었다고 생각하였지만 광적인 연극애호가 박승희만은 '연극운동'을 계속해야 한다는 주장을 강하게 내세우게 되어 결국 단체는 더 이상 존속이 힘들다고 판단되어 나뉘게 된다. 김기진 · 김복진 등 창립회원 및 국내에서 가입한 안석주 · 이승만 · 윤상렬 등은 더 이상 운영이 어렵다고 판단하여 토월회를 떠나게 되었다. 창립회원들의 대거 이탈은 토월회의 해체나 별 다름없었다.

박승희는 제2회 공연 때 가입한 신진회원들을 데리고 재발족을 하게 되었다.

동경 유학생들의 문예서클로 시작된 단체가 당시 고조된 민족주의와 계몽사상 그리고 직접 현장을 방문하면서 개화와 근대를 알리는 학생민족운동의 한 방편으로 무장하면서 주로 강연회와 공연활동 중 후자를 택하여 예정하지 않았던 제2회 공연까지 진행한 후 그 진로의 방향에 대해 고민할 때, 결국 공연을 선택한 집단이 일종의 전문적인 공연단체를 표방하여 나아갈 수밖에 없는 선택은 공연에 대한 어려움을 크게 부각시키는 결과를 가져온다. 즉 공연이 지닌 특별한 감정과 경험으로서의 그것은 단지 학문적인 차원으로도 예술적인 차원으로도 메울 수 없는 현실이라는 상황과 부대적인 삶과 깊이 연관되는 활동이라는 점에서 이론과 실제의 양면을 모두 드러낸다는 점에서 그렇다. 유학생들을 중심으로 이 땅에 개화와 문명의 가치, 예술을 통한 근대화와 인권회복과 같은 국권운동 등을 시도하기 위해 공연을 이용하였지만, 공연이라는 현실 앞에서 대중들에게 맞는 공연으로의 시도가 필요하고 한편으로는 이상적인 계몽이 아닌 현실적인 생활을 극복해야만 하는 유학생들의 한계 역시 드러난다는 점에서 신극운동이 지닌 한계를 보여준다.

남은 박승희는 유학생이라는 신분적 한계를 극복하기 위해 전문적인 극단으로서의 발길을 내딛는다. 동인제를 폐지하고 극본·연출 등 만능의 박승희를 회장으로 하여 시인 홍노작(洪露雀)이 문예부 경리에 앉고, 미술부 경리에 원우전, 경리부 경리에 정원택(鄭元澤), 출연부 경리에 이백수로 나누어 각자의 영역을 관리하게 함으로써 체제를 갖추게 되었다. 러시아 출생의 박세면(朴世冕)과 최호영(崔虎永)·홍재유(洪栽裕) 등이 음악부를 조직하고 극단의 전속 관현악오케스트라까지 조직해 연극 전문극단으로 손색이 없게 되었다.

제3회 공연이며 동시에 전문극단으로 바뀐 뒤의 첫 번째 공연으로 1924년 1월 22일부터 박승희 작 무용가극 <사랑과 죽음>, 홍노작 번역의 <회색의 꿈>을 무대에 올리게 된다. 이 때의 특색은 러시아인의 사랑을 그린 <사랑과 죽음>에서 조택원(趙澤元)이 무용을 하고 전속 오케스트라가 막간마다 명곡을 연주한 것이었다. 무용과 연주는 사실상 상업적인 공연의 시작을 알림과 동시에 이 극단이 지향하는 바가 대중극 혹은 상업극이라는 사실을 분명하게 하였다. 또한 막간의 이런 시도로 인해 뒷날 상업적인 신파극에서 음악의 사용과 막간극이 생기는 데 큰 영향을 주게 되었다. 이처럼 토월회는 제3회 공연부터 완전히 상업성을 띠었고, 곧이어 제4회 공연으로 <부활>과 <사랑과 죽음>을 재상연 하였다. 이 공연은 비록 인기는 끌었으나 처음부터 레퍼터리 빈곤에 봉착하였음을 단적으로 보여준다. 이후에도 제5회 공연인 톨스토이의 <산송장>의 무대는 주제가인 <카튜사의 노래>와 함께 널리 알려졌고, 자선공연으로 <오로라>와 <사랑과 죽음>을 재상연 하였다.

공연의 시도는 지속적으로 이루어지는 관계로 필요하였지만, 이를 뒷받침할 수 있는 레퍼토리는 많지 않았음을 스스로 보여준 셈이다. 이런 공연소재의 재탕은 결국 이들이 앞서 공연을 행하는 많은 대중극단이 보여주는 번안극 위주의 일본의 개량 신파극으로 전이되는 길을 따라가는 모습을 보여준다는 점에서 아쉬움이 크다. 결국 6월 말부터 7월까지 창립 1주년 기념공연으로 <부활>·<카르멘>·<장한몽>·<지장교(地藏教)의 유래> 등을 지속적으로 무대에 올렸다. 모두가 번안극이었으며, 6·7회 공연부터는 개량 신파극단으로 굳어져갔다고 해도 과언이 아니다.

1925년에 들어서부터 토월회는 본격적인 흥행극단으로서의 면모를 갖추기 시작하였다. 극단제도를 개혁, 합자회사를 만들어 자본의 기초를 굳건히 함과 동시에 전무에 희곡작가이자 소설가인 이서구를 임명했지만 자금·작품·여배우·극장 등은 좀처럼 해결하기 어려운 문제로 오히려 문제가 점점 커져갔다. 박승희는 자신의 재산을 정리하여 극장 광무대(光武臺)를 1년간 전속으로 계약하고, 공연의 레퍼터리도 가무극을 주로 하기로 결정, 배우도 가무에 능한 쪽으로 모두 바뀌게 된다. 당시의 간부급 배우는 이백수·이소연·윤성묘(尹星畝) 등이었다. 광무대를 전속극장으로 정하면서 예술 반 기업 반이라는 목표 아래 월급제를 실시하였으나 일부 여배우를 제외하고는 실천되지 못하였다. 하지만 이런 월급제의 실시는 한편으로는 큰 화제가 되었다. 대부분의 극장은 영세하고 상업적인 수익이 예측하기 어려워 대부분 공연을 통한 관람료를 가지고 극장운영을 도모하였는데, 박승희는 일부이긴 하지만 대대적으로 이런 월급제를 통하여 안정적인 직장이라는 사실을 공공연하게 밝힘으로써 공연예술을 하는 사람들에게 큰 희망을 준 것이다. 하지만 이런 월급제는 극히 소수의 여배우를 중심으로 만 실행되었기에 이후 그 효과는 미미해져 갔다. 전속 광무대의 첫 공연이며 제10회 공연은 1925년 4월 박승희 작 <산서낭당>과 각색비극 <희생하든 날밤>, 기타 광무대 노래꾼들의 독창·입창(立唱)·좌창(座唱)·승무 등으로 짜여졌다. 제11회 공연으로는 <간난이 설음>과 <진세의 풍경>이 무대에 올려졌다. 당시 광무대는 1년 무휴의 공연을 시행하였으므로 매번 2일마다 한번 씩 공연 제목을 바꾸어 관객들에게 홍보하였다. 따라서 다양한 공연내용을 진행해야 했으므로 많은 레퍼토리가 필요했으나 그 극본이 충분히 공급되는 것은 아니었고, 가장 어려운 문제였다. 점점 공연의 내용은 번안극과 유사한 제목의 애정비극을 중심으로 공연되고 재공연 역시 점차 빈번하게 무대에서 활용되었다. 제12회 공연은 비극 <이내 말씀 들어보시오>·<사랑과 죽음>·<명예와 시인>, 그리고 <무지한 무리> 등 모두 애정비극에 명창 권금주(權錦珠)의 판소리·가야금, 또 조선권번의 조선춤을 보여주는 것으로 공연되었고, 제13회 공연은 <카츄샤>의 재상연, 제14회는 <산송장>, 제15회는 <데아보로>와 <희생하든 날밤>이 각각 재상연 되었으며, 제16회는 <추풍감별곡 秋風感別曲>이 공연되었다.

6월에 들어서는 창립2주년 기념 겸 제17회 공연으로 사회극인 <여직공 정옥(貞玉)>을 비롯하여 <농속에 든 새>·<국교단절> 등을 대대적으로 홍보하면서 공연에 만전을 기했지만 이미 익숙한 공연으로 인해 관객이 많이 이탈된 상황에서 다시 부흥하기는 쉽지 않았다. 또한 점점 엄격하게 관리되는 총독부의 검열이 심해져 사회적인 문제제기나 조선 혹은 한국적인 면만 포함되어도 공연이 쉽게 허락되지 않는 현실에서 의도한 작품이 많이 중지되기에 이른다. <산데아보로>·<월요일>·<무지한 무리> 등이 외부적인 영향으로 공연 중지됨으로써 극단 운영이 더욱 어렵게 되었다. 그러한 어려움 속에서도 계속 <간난이의 설움>·<온천장의 사랑>·<농속에 든 새>·<로서아딴스>·<산서낭당>·<월요일>·<국교단절> 등이 공연되었고, 9~10월에는 <이내 말씀 들어보시오>·<산곡간의 그늘>·<쭈리아의 운명>·<부활>·<희생하든 날밤>·<장화홍련전> 등을 선보였다.

극단의 극본은 박승희가 도맡았는데, 짧은 기간이라서 연습은 엉망이었다. 그러던 차에 하나의 방편으로 당대의 인기작가 이광수(李光洙)의 소설 <무정>·<개척자>·<재생> 등을 홍노작 각색으로 광무대에 올렸다. 이 작품들은 인기가 꽤 있었으나 극단의 경영난을 타개할 길이 없었으므로 다시 익숙한 고전작품으로 홍행몰이를 통해 돌파구를 찾기로 결정하고 <춘향전>을 무대에 올리게 된다.

당대의 명창인 김창룡(金昌龍)의 창을 곁들여 복혜숙(춘향 역)·양백명(방자 역) 등이 출연한 <춘향전>은 토월회 사상 최고의 인기를 끌었고 첫 지방순회의 기회를 가졌다. 하지만 지방공연은 근대적인 무대나 주제에서 참신함을 잃은 말 그대로 전통적인 사고로의 복귀를 보여주는 공연이었다. 통속작품을 통해 일정한 관객을 모으고 홍행에는 성공할 수 있었지만 박승희가 자부심있게 말했던 공연의 성과라는 것은 이제 더 이상 뚜렷하게 나타나지 않게 되었고, 신극이라는 말조차도 사실상 사용할 수 없는 극단의 레퍼토리를 갖게 된 것이다. 따라서 토월회에 대하여 그 졸속에 회의를 품는 관객과 지식인들이 점차 늘어갔다. 그러던 차에 여배우이면서 대단한 흥행몰이를 했던 춘향역의 복혜숙이 개인 사정으로 극단을 떠남으로써 관객들이 선호하는 여배우 기근에 시달리게 되었다. 다행히 당대 최고의 소프라노 윤심덕(尹心悳)이 가입하고 그녀를 주연으로 1926년 2월 미국의 인기영화 <동쪽길>(이경손 각색)과 <놓고 나온 모자>·<밤손님>등을 잇달아 공연하였다. 또한 <카르멘>·<신데아보로>·<곰> 등이 공연되었는데, <카르멘>에서 주연인 윤심덕의 많은 노래가 화제가 되기도 하였다. 하지만 흥행위주의 극단운영과 박승희의 지나친 독주에 대한 반발로 인해 같이 해오던 김을한, 이백수, 이소연, 윤심덕, 박제행 등 5명이 탈퇴하는 일이 발생하였다. 극단은 남은 회원들로 계속 공연을 하였으나 이미 공연의 내용이 뻔한 상황에서 주요 배역을 맡았던 배우들도 빠진 상황이 지속되고, 더구나 탈퇴한 김을한·이백수·윤심덕·박제행 등이 주동, 앞서 극단을 떠났던 김기진·김복진·연학년 등이 합세하여 백조회(白鳥會)라는 새 극단이 발족되면서 토월회는 결정적 위기를 맞게 되었다. 그리하여 1926년 2월 24일 제56회 공연을 마지막으로 토월회는 해산되었다.

1928년, 2년이 지나 박승희를 중심으로 한 전회원들이 다시 모여 재기를 다짐하게 되었다. 같은 해 10월 재기공연으로는 박승희 작 <이대감 망할 대감>·<사(死)의 승리>·<혈육>과 같은 시대상을 반영한 작품과 홍노작 번안의 <오남매>·<추풍감별곡> 등을 무대에 올렸다. 그러나 토월회의 재기공연 역시 타락하였던 말기와 조금도 달라지지 않았다는 혹평을 받았다. 이는 박승희의 그림자가 너무 짙게 드리워져 있어 연극이나 공연의 평가가 그런 유사함으로부터 달라지지 않았기 때문으로 보인다. 새로운 레퍼토리와 신작 희곡을 중심으로 새롭게 선보인 작품들이었지만, 형식적인 면에서나 무대화되는 표현에서 크게 달라지지 않았기에 같은 평가를 받을 수밖에 없었던 것이다. 이렇다 할 성과를 못 올린 토월회는 그 뒤 박승희의 <요부 妖婦>·<모반(謀叛)의 혈(血)>·<교장의 딸> 등을 우미관(優美館)에서 공연했으나 다시 한 번 구태의연함을 벗어날 수는 없었고, 재기 반년도 못 되어 다시 극단은 명색만 유지한 채 휴면상태로 들어갔다. 공연을 통해 자신의 입장을 드러내는 일에 익숙한 박승희는 지속적으로 무대에 매달리게 되고, 이를 주변에서 이용하는 일이 빈번해진다. 결국 1929년 가을에 찬영회(讚映會) 주최로 두 번째 재기공연을 갖게 되었는데, 실제로는 조선극장의 경영주인 안봉호(安鳳鎬)와 신용희(申鏞熙)의 후원으로 이루어진 공연이었다. 신용희는 자신의 주장을 전달하여 극단이 흥행을 위해 연극과 영화를 함께 하자고 제안한다. 그리하여 토월회는 조선극장과 계약을 맺고 극장에서 영화와 중요한 장면을 늘려 연극으로 보여주는 구조를 선보이게 된다.

박승희와 박진(朴珍)은 이런 형식을 통해 공연을 만들고, 재기공연작품으로 <아리랑고개>(박승희 작)와 당시 유명한 무용수 최승희(崔承喜)를 영입하여 그녀의 무용을 레퍼토리로 정하고 회원을 확충하여

1929년 11월초에 다시 막을 올렸다.

<아리랑고개>작품은 일제의 식민통치로 토지를 잃고 북간도로 가는 한 실향민 가족의 참담한 이야기로 큰 반향을 불러일으켰다. 토지를 잃게 되는 경위도 경위지만 이를 통해 이주된 가족의 삶을 식민지 치하의 현실로 간접적으로 드러내고 이 역시 여러 수탈로 인한 결과라는 사실을 사실적으로 그려냄으로써 우리 민족의 궁핍한 상황을 매우 감상적으로 드러내고 있다. 작품은 비록 대중적인 상업극이었지만, 현실에 대한 묘사와 이주되는 실향민의 처지가 모두에게 해당되는 당면 문제였기에 연기를 담당한 배우들 역시 실감나게 연기를 할 수 있었다. 이는 당시 연극인들이 잠재적으로 일제의 야욕에 의해 극심한 고통을 받으면서 애국심에 불탔고, 그 시대를 연극에 진실하게 반영시켰기 때문에 폭발적인 반응을 불러일으킨 것이다. 그 때부터 우리의 전통적인 민요인 <아리랑>은 일제에 의해 금지곡이 되었다.

토월회는 광무대시절과 같이 조선극장과 1년 계약을 맺고, 강홍식(姜弘植)과 전옥(田玉)을 주역으로 새 진용을 갖추게 된다. <불여귀 不如歸>·<초생달>·<즐거운 인생>·<여군도 女軍島>·<목신의 작란>·<품행조사>·<희생>·<나무아미타불>·<라이스카레 통역생>·<남경(南京)의 거리>·<깊어가는 거리>·<월요일>·<엉터리 김부자> 등을 계속 상연하였다. 하지만 모든 작품을 순전히 박승희 한 사람의 손으로 3, 4일 만에 한편씩 공연해야 하는 문제는 심각한 것이었다. 그렇기에 과거 작품이 아니면 번안물이 많은 이유가 바로 여기에 있었다. 사실 토월회만큼 공연을 많이 시도하고 지방공연을 간 극단은 없었다.

지방공연까지 합쳐 통산 87회의 공연을 가졌고, 총 2만 5,000여 원의 투자를 한 것으로 추정된다. 총 공연작품수도 무려 212편이고, 토월회를 거쳐 나간 회원 수 역시 적지 않았다. 그러나 토월회의 타락은 더욱 심해졌으며 막간 촌극(寸劇)·악극(樂劇) 등 대중 연예적 요소를 가미하였고, 끝내는 다른 신파극단들처럼 지방으로 다니기로 하여 1930년 2월에 수원을 시작으로 유랑극단 행세를 하기에 이르렀다. 이렇듯 겨우 명맥을 유지하던 토월회는 1931년 발족된 지 9년 만에 해산되고 말았다.

박승희는 방송극협회와 극단 대장안(大長安)도 조직하였으나 뜻대로 되지 않았고, 결국 토월회에 대한 미련을 버리지 못해 1932년 2월에 태양극장(太陽劇場)이라는 토월회 개편극단을 발족한다. 극단의 레퍼토리는 박승희 작 <고향> 같은 몇몇 창작극도 생산하였지만 대부분 토월회 때 작품의 재탕이었다. 연극이론가 현철(玄哲)과 새로운 사람들도 여러 명 가담하여 1934년까지 중앙에서 공연활동을 벌였으나, 1936년 이후로는 주로 지방의 유랑극단으로 전국을 흘러 다녔고, 만주·북간도·일본까지 순회공연을 하였다. 하지만 이런 순회공연의 성과가 새로운 문명과의 조우라기보다는 상업적으로 돈을 벌기 위한 수단으로서의 순회공연이었고, 말 그대로 먹거리를 위한 고난의 행군에 지나지 않았다. 하지만 그곳의 동포들에게 순회공연은 마치 고향에 온 것 같은 안락함을 제공하고 공연을 통해 향수를 달랠 수 있도록 도와준다는 점에서 공연이 가진 장점을 십분 활용하는 계기가 되었음은 말할 것도 없다.

일제는 이런 향수를 달래는 순회공연에조차 경관을 입석시키고 공연의 내용이 자신들에게 전달한 내용과 조금이라도 달라지면 그 자리에서 공연을 중단시키는 등 공연에 대해 유독 강한 검열을 시행하였다.

1937년 중일전쟁이 일어나자 일본경찰의 탄압은 가중되었고, 재정난에 따른 단원들의 이탈로 인하여 1940년에는 태양극장도 막을 내리게 되었다. 광복 직후인 1946년에 옛 단원들이 모여 토월회를 재건하였으나, 박승희 작 <사십년>·<의사 윤봉길>·<모반의 혈> 등만을 공연하고 다시 해산되고 말았다.

토월회가 저속한 신파극단만 난무하던 1920년대 큰 성공은 거두지 못했지만 처음에는 그래도 정통적인 서구근대극(사실주의연극)을 시도해보려 하였고, 연극을 하는 방식도 정석대로 하려고 노력함으로써 저질 신파극 개선에 상당히 기여하였다고 볼 수 있다. 특히 사실적 무대장치는 당시로서는 획기적인 것이었다. 따라서 구치다테(口建)식에다가 무대장치·의상·분장 등이 일본의 삼류 신파극을 못 벗어나던 기성연극계를 물리치고 혁신을 가져오도록 개량 신파를 하였던 것도 토월회였다. 하지만 새로운 공연으로 시작한 활동을 너무 상업적으로 운영하면서 자금으로 인력으로 많은 문제가 발생되었음에도 오직 박승희 한 사람의 힘으로 운영을 고집하면서 파생되는 문제가 발생되기 시작하였다. 더구나 박승희는 모든 것을 극단의 운영에 걸고 최선을 다했지만 협업을 통해 운영되는 연극의 특성을 지나치게 간과한 것이 후일 커다란 부실로 드러나게 된다.

순회공연을 통한 여러 도시를 방문하고 심지어 간도나 일본까지 공연의 손길을 내민 것은 우리 동포들에게 잊지 못할 경험을 선사한 일이지만, 그 공연의 성과가 처음 의도한 근대나 근대정신 혹은 사실주의적인 입장에서의 현실인식과는 시간이 갈수록 멀어졌다는 한계가 너무 아쉬운 점이었다.

제5장

기록으로 읽는 이동무대

공연예술에 대한 현장을 이해하는 방법으로 드러난 성과가 뚜렷하게 드러나지 않는 반면에 신문에 드러난 여행기는 파편적으로 찾아볼 수 있다. 이런 파편을 통해 공연의 접변상황을 유추하는 것은 개화기를 관통하는 문화의 경계를 살펴보는 중요한 계기가 된다는 점에서 나름대로는 의미가 크다. 다만 주로 개화기시기를 지나 드러난 면면이 많다는 점과 그것을 공연상황과 직접 연관 짓는 방법이 뒤에 언급한 희곡을 통해 드러난다는 점에서 앞서 고구한 방법과는 부분적으로 결이 다르다는 점에서 이처럼 다른 항목으로 제시하게 되었다.

車中所見, 北方旅行의 에피소-드 (거중소견, 북방려행의 에피소-드) 兪鎭午 만
국부인 제1호 1932년 10월 01일

내가 關北地方을 가보고 십허 한 지는 벌서 오래다, 산 깁고 파도 험하고 물 맑은 關北 거대한 資本投下地로서 대규모의 공장과 광산이 해마다 느러가는 關北, 노동자의 巨群이 大海의 물결가치 밀니는 關北, 여인네가 사내가치 활발하고 사내가치 일한다는 關北, 여러 가지로, 駿馬가튼 意氣를 엿볼 수 잇는 절문이들의 關北-이 關北의 푸로필이 나에게는 몹시도 그리윗든 것이다.

이번 夏休에는 기어코 갓다오랴든 것이 이 일 저 일에 妨害되여 어느듯 8월도 하순이 되어 이번에도 또 여러 해의 宿望을 이루지 못하는가 하엿다. 그리든 길에 맛침 寸暇를 어둘 수 잇게 되엇다. 만사를 제치고 나는 關北旅行의 길을 나섯다. 走馬看山이고 무엇이고 간에 엇잿든 關北의 풍물을 瞥見하자는 것이다.

아흐래 동안의 여행에서 본 關北 풍물-유명한 文坪의 석유탕크를 비롯하야 홍남의 窒素肥料會社 대규모의 築港工事로 뒤잡어 업고 잇는 청진항, 吉州서 惠山鎭으로 壘壘한 큰산을 박차고 들어가는 森林철도의 精力的인 식컴언 레-일, 長汀曲浦에 點綴하는 황량한 어촌에까지 빗나고 잇는 전등-모든 것이 나의 예상을 數倍나 초월하는 驚異的의 것이엇다 약동하는 거대한 蛟龍! 이것이 내가 처음 보는 關北지방으로부터 박든 인상이엇다. 이 蛟龍의 躍動은 무심한 一時의 여행자의 가슴까지도 고동케 하고야 마는 것이엇다.

유진오의 이런 견해는 단지 문사로서의 의견뿐만 아니라 당시의 지식인이 갖는 세계관을 그대로 드러낸다는 점에서 의의가 크다. 특히 그 전에 드러나지 않던 여행을 통한 소회를 통해 피력함으로써 풍물견학이라는 단순한 취지를 극복하고 문명이나 문화에 대한 적극적인 소통의지를 드러낸다는 점에서 그렇다. 관북지방은 두만강의 위쪽으로 익히 알려진 독립군의 봉오봉 전투와 청산리 전투의 고장이다. 이 관북지역을 일제는 독립군에게 일격을 당한 후에 많은 마을을 그들의 분풀이 대상으로 삼아 말살정책을 시도하기도 했지만 우리 민족에게는 일제의 수탈을 피해 적극적으로 개척하고 희망의 땅으로 만들려는 시도로 인해 적지 않은 인구가 밀집된 우리의 터전으로 자리 잡게 된다. 그리고 이 땅을 둘러보고 난 여행기를 통해 관북지역의 풍물에 대한 견해가 에피소드의 형식으로 제재된 것이다. 여기서 유진오는 피상적으로 드러난 풍광을 넘어서서 새로운 경제적 가치와 중요성을 인식하는 계기를 보여준다. 이 같은 인상은 근대화와 산업화를 통한 개량적인 가치를 발견하는 것으로 나아가는 그의 태도에서 뚜렷하게 드러난다.

한편 지식인의 여행관은 여기서도 잘 드러나는데, 주로 국익과 관련된 부분에 대한 근황이나 감흥을 표현하고 문화적인 기대감 등은 차후 드러나는 것으로 이해되고 있다는 것이다. 풍물에 대한 관심을 갖고는 있지만 결국 유진오에 의해 기술되는 주된 내용은 레일과 같은 기관으로서의 근대화와 문물의 새로움과 이로운 점 등을 나열하는 정도에서 머물고 있다. 이 점은 당시의 지식인이 갖는 문화적인 충격이 내적인 문화의 흐름보다는 가시적인 성과 위주의 산업에 초점화되어 있다는 사실을 보여준다. 그렇기에 문화적인 맥락으로서의 기대감은 여행기 초기에 내면화되어 드러나지만, 실제 체험을 통해 구체적으로 기술되는 것들은 주로 근대산업의 모습으로 귀결된다는 점에서 아쉬움이 남는다.

이동 연예대

본격적으로 이동 공연의 성격을 보여주는 것은 1940년대부터이다. 이동 공연의 내용이 과연 이 시대에 계몽적인 부분을 담당하는가에 대한 이해는 이 소단원의 집필을 망설이게 만든 요인이 된다. 하지만 계몽의 내용을 구성하는 양상에서 이동 무대에 대한 자료적인 조사의 필요성이 어느 정도 제기되고 이에 대한 근거 역시 없는 것이 아니어서 어느 정도의 내용이 산재한 형태로 제시되고 있다는 점을 적시하지 않을 수 없었다. 따라서 이동 연예대의 항목에서 간단하게나마 언급하지 않을 수 없었다는 점도 밝힌다.

京城의 韓駿鎬 등이 所謂 皇軍慰問演藝隊를 산업전사로 조직하다.
<每日新報 1942.7.1.>

전시에 중요한 것 중의 하나가 '위문'을 위한 공연단의 조직인 것은 현재도 여전하다. 전시라는 특성상 벌어지는 위문의 공연은 군인의 사기와 직접 연관되는 군부대행사로 이행되는 것이어서 이는 공연과는

무관한 일종의 행정적인 처리로 간주해야 한다. 하지만 위문대의 공연이 참여한 여러 공연자나 관객의 입장에서는 나름대로 공연이라는 특수한 성격을 가질 수도 있기에 이처럼 내용에서 '산업전사'라는 다소 황당한 표현을 둘러쓰고 신문에 게재되는 일이 벌어진다. 이들을 일거수일투족이 군인이 나아가는 지향점을 위로하고 공연을 통해 사기진작을 한다는 점에서는 제국적인 망상이 공연문화에도 영향을 미쳤다는 것을 적나라하게 보여준다.

이런 내용을 구체적으로 밝힌 내용이 아래의 이철 연예협회 대표의 신문에 기고한 글을 통해서이다. 여기서 그는 농어촌방향으로의 이동연예대 조직의 필요성에 대해 그리고 이에 따른 협회에서의 준비사항에 대한 답변을 통해 구체적인 활동과 그 내용을 소상하게 진술하고 있다.

李哲(演藝協會)=예예、只今「移動演藝隊」를、編成하는 중입니다. 저로서는 이미 중일전쟁 이래 皇軍將士의 慰問에 전력을 들여 지금까지 北支 中支、北滿으로 몇 번인가 慰問演藝을 나갔었습니다. 그래서 북으로는 新京 佳木斯 牧丹江에서부터 남으로는 北京 濟南 靑島 石家莊 등 16개소를 돌았는데, 內地로도 東京 大阪 등과 같은 곳에서 「白衣의 勇士」로 바야흐로(聊か) 慰安의 催し을 해왔습니다만 앞으로도 말할 것도 없이 第一線將士로의 奉仕을 노력하겠습니다. 또 일면 農山漁村의 빈곤 대중으로、健全なる 娛樂을、전하고 싶다는 것입니다. 그러나 何しろ、朝鮮은 넓어서 面만으로도 2천여개가 있기 때문에도＜66＞之等へ、汎く送る譯には 勿論、참고지만参らんでしょうが、먼저 先づ、一隊마다 7~8명에서 12~3명으로 조직하여 약 10개 연예대 정도를 중요지점에 보내는 방식입니다. 즉, 몇천, 몇백명 정도의 한 곳에 사는 광산부락으로 라든가 即ち、何千、何百名と一

處に居る鑛山部落へとか、いはしの漁師들이 모여있는 漁村으로라고도とかそ
う라고 하는 集團部落으로 보내고 싶은 것입니다.

여기서 경비문제는 새로운 문제제기이자 이동연예대의 재정적인 기
능을 담당하는 중요한 이슈가 된다. 적어도 극단을 운영하는 주체로서
의 기능이 현저히 떨어지는 이유가 되는 공연 횟수나 공연장소에 대한
섭외가 재정적인 이유로 막히는 경향이 상당히 많이 존재했다는 점을
확인하게 한다. 중일 전쟁 이후로 많은 이동연예대가 여러 지역으로 군
인의 위문 공연을 했지만, 이 공연을 통한 어떤 목적 수행이나 내용은
그다지 많지 않았다는 것을 확인하게도 된다. 다만 이런 교류를 통해
일종의 다양한 문화적인 변화나 현상이 시도되었다는 사실과 이런 관
련성을 통해 문화 접변적인 여러 상황이 짐작되는 것은 피할 수 없는
사실이다. 다만 전시하에 벌어지는 이런 현상이 뚜렷하게 문화적인 이
동이나 내용의 확산이라는 점에서는 그다지 크지 않다는 것이 대개의
견해라고 할 것이다.

이 경비 문제는 이후에도 여러 차례 거론되는 중요한 문제로 부각된
다. 경비의 사용으로 인해 효과가 드러나는 것도 필요하지만 한편으로
는 재원의 마련이 일종의 문화적인 교류자금으로 인식되는 사실에서
공연의 성과와 그 내용의 전개과정이 나름대로 제시되는 어떤 맥락을
형성하기 때문이다.

李哲=演藝協會에서는 가극이나 무용, 만담, 교향악, 인형극 등 예술이라고 이름

할 만한 娛樂團體 十七개가 모여서、結成된 까닭에 노래 무용에서부터 마술(手品)부터 一寸한 연극 等을 망라해서 이루어지고 있습니다. 우선,、경비 문제입니다. <67>만、內地 사례를 보면 익찬회생활지도부에서 하고 있는 것은 돈을 기탄없이(どしどし) 쓰면서 활동하고 있었던 것이고, 그렇지 않다면 「東寶」와 같이、한해 몇 만원을 國家奉仕費로 사용하여 시초부터 지불해오고 있는 등 희생적으로 일하고 있습니다만, 朝鮮에서、우리와 같은 존재들은 몇 만원인가 實際로 낼 수 없는 것입니다. 그러나 커다란 손실만 없다면 그 일을 할 수 있으리라 봅니다. 그래서、예를 들어 平壤、大邱 등과 같은 大都市에서는 純全히 「興行」하여、利益을 올리고、그런 돈으로 遠村僻地로 나가는 겁니다. 중요한 것은 주재소랑, 面이나 聯盟支部에서 장소라든가 청중이라든가를 모아주곤다면 이 일은 반드시 성공할것이라 생각합니다.

(삼천리 제13권 제4호. 1941.4.1) 八團體幹部は語る, 新らしを半島文化を語る

평양이나 대구 등지의 대도시를 통해 흥행을 이루고, 이 이익을 통해 타지로 나아가 공연을 해야 한다는 일련의 주장은 공연의 성과가 단지 내용보다는 오락성이나 일종의 선전효과를 가진 목적적인 맥락에서 이루어져야 한다는 주장을 대신한다. 적어도 공연예술이 단지 작품의 내용이나 성과가 아닌 일종의 많은 사람들을 동원하는 선전장으로서의 역할을 한다는 사실이 구체적인 경비와 함께 뚜렷하게 제시된다. 이런 주장은 함대훈이나 유치진의 글을 통해서도 어느 정도 입증되는 바이다.

함대훈의 주장에서 농산어촌에 오락을 주는 일은 퇴폐적이면 되지 않으므로 강습회 등을 열어서 훌륭한 연출자와 배우를 양성하는 일이 시급하다고 강조한다. 그에 따르면 지역의 성과를 이루기 위해서는 예술적 안목과 이를 뒷받침하는 배우가 존재하는 것이 당연하다. 하지만 이런 내용을 단지 목적만을 이루기 위한 공연으로 드러낸다는 것은 곤란하다고 주장한다.

예술가를 양성하고 이를 기반으로 전문 공연단을 만들어 지방 공연단을 이끌어야 한다는 그의 주장은 앞서 단지 목적만을 가진 공연단의 경비만을 주장하는 것과는 다른 일종의 공연예술이 지닌 본질적인 면을 강조한 중요한 사항을 내포하고 있다.

咸大勳(國民演劇研究所)=今の場合、先決問題는 不健全한、都會文化를、그대로、地方으로 보내는 것으로 해만 있고 덕이 없어서 오히려 「地方文化振興」이라는 課題와는、相反된 結果를 발생시킨다고 생각합니다. 그러므로 먼저, 진정으로 國民文化를 擔當할 만한 연출자와 배우를 육성하는 것이 필요하다고 봅니다. 몇몇 生産事業에 더한층 懸命하게 勤勞民衆으로 農村娛樂을 제공한다고 하더라도 음담패설、저속한 가무연극을 제공하는 것은 허락할 수 없는 죄악입니다. 그렇기 때문에 우리 研究所에서는 먼저、演劇人 養成에 만전을 기하고、四月부터、3개월 간의 단기강습회를 열어 약 30인 정도의 신인을 양성하려고 합니다. 講師로는、軍部、本府、聯盟을 위시하여 廣く 文化畠의 諸氏까지、기대하고 있다.

         (우리 社會의 諸事情) 삼천리 제13권 제9호 1941.9.1. 69~70쪽.

咸大勳(國民演劇研究所)= 또하나 시기를 고려하지 않을 수 없는데, 향토문화와 괴리[懸離]된 연극을 보내는 것은 안되는 것이거니와 저들이 좋아하지 않은 시기에 보내는 것도 결코 안되는 것입니다. 이동연극대는 田植の 濟んだ 時라든가 收穫の後 등을 선택해야 할 듯합니다.26)

---

26) 함대훈,『우리 社會의 諸事情』, 삼천리(13권,9호), 1941.9.1, 70쪽.

이 같은 주장은 유치진에게도 나타난다. 단지 문화의 확산으로서 지방 공연이 중요한 것이 아니라 다양한 공연단의 활동으로 문화적인 자산을 풍부하게 만든 후, 이 자산을 활용한 연극이 중요한 가능성을 보여준다는 내용으로 보통 극단이 20개 정도 만들어 전국에 돌리지만, 중앙에서 내려보내는 것은 한계가 있기에 지역에 거주하는 아마추어 연극인을 적극 육성하여 이들의 능력과 지역의 문화적 자산을 활용한 연극을 만들어가는 것이 중요하다고 판단한다.

柳致眞(劇作家同好會)=勿論 그렇습니다. 새로운 각본에 새로운 연출자와 배우가 우선이고 그것을 확보하지 못한다면 藝術的實踐은 희망을 얻기 힘듭니다. 그래서、朝鮮의 演劇運動은 스스로 두 개의 방법으로 나눠지는데, 하나는 都會의 敎養이 많은 인텔리 層으로(이것은 固定劇場을 가지고) 또 하나는、巡廻式移動演劇隊의 형태로서、一般大衆에게로 라는 노력을 하지 않으면 안되는 것이기에、먼저、우리들은 「現代劇場」이라는 新劇運動團體을 구성하였습니다. 이것은 數多한 商業主義、劇場은 결코 아닙니다.、이것이야말로 진정 國民劇 樹立의 요람이라고 하는 것인데 今은 農山漁村의 演劇이라고 話합니다만 그것은 먼저、此方에서 보내는 것도 좋은 것이지만 수천이라고 할 부락으로 편하게 다닐 수 있다는 것은 도저히 기대할 수 없는 것입니다. 그래서 어떻게든 향토적인 시로우토시바이(素人芝居, 아마추어 배우가 하는 연극 즉, 전업이 아닌 배우의 연극 ; 필자)의 육성에 임하지 않으면 안되는 것입니다. 대체로 그 지방 독특한 민요전설과 같이 지방 풍토에 기인한 演劇이 있다는 것인기 때문에, 이것들을 올려서 훌륭한 지도자의 손에서 재조직되게 하여 그들 자신의 연극으로 해주고 싶다는 것입니다. 지방의 향기(土の香り)라든가 태양의 빛(太陽の光)으로 충만한 생명이 있고, 소박한 아마추어 이것이야말로 농민노동자의 식량(農民努働者の糧)이 될 것입니다. 그래서 우리 측에서는 국가를 향한 봉사의 축적으로서(お國へ奉仕の積り) 20여개 정도의 이동연극반을 조직하여 전선에 걸쳐서 보내고 싶습니다, 반 하나 당 한해동안 1만원정도 사용할 예정으로 보입니다. 따라서 경비 문제는 지금 고려중입니다. 20개 반을 운영한다면 3000여개의 부락에 연 1회 정도는 돌아갈 것으로 예정됩니다.[27]

사실 이동 연예대의 활동이 공연예술에 있어 중요한 문화전파의 내용이 되는가에 대해서는 앞으로도 많은 논의가 필요하다. 특히 이동무대의 성격이나 내용이 문화적인 특징이나 계몽적인 성격보다는 훨씬 현실적이고 경제적인 이익이나 가치를 배경으로 이루어져 이것이 가진 의미가 그다지 크지 않다는 사실을 보여준다.

이는 앞서 다양한 매체에서 보도된 예술을 통한 재원마련의 활동과도 비교되는 대단히 의미가 떨어지는 활동의 방편이라는 점을 스스로 고백하는 것과 같다. 식민지 시대 소위 관변단체인 애국부인회에서는 사실 재난이나 이재민 구호, 연말 구호품 모집과 같은 보여주기식 행사를 할 때 다양한 예인들을 동원하여 공연을 선전하고 그 이익금으로 이런 재원을 마련하여 그 기금으로 활용하기도 하였다.

愛國婦人會 迎日委員部에서 慶北道內 旱災民 救濟를 위한 演藝大會를 개최하다.

<東亞日報 1929.4.2일자>

참고사항으로 총독부에서 1944년 태평양전쟁의 말기에 전시 동원을 위한 연예단체의 동원을 위해 만든 강령을 보면, 이들이 가진 의도를 확인할 수 있다. 일제는 정보부의 관할 소관으로 연극단체나 연예중심의 단체를 통제하며, 일종의 자신들의 목적에 부합하는 공연과 연희를

---

27) 유치진, 『우리 社會의 諸事情』, 삼천리(13권, 9호), 1941.9.1, 69쪽.

통해 군인들의 사기 진작과 전쟁 수행을 위한 선전 도구로 이용하고 있음을 보여준다. 해산시킬 단체와 통합할 단체 그리고 이후 목적을 위해 지속적으로 남겨둘 단체를 임의로 정하고 이런 단체의 기능을 조정한다는 의도는 아래의 내용을 통해 충분히 납득 할만한 사실이다.

매일신보에 나타난 아래의 기사는 이동 연예대의 목적이 최종적으로 여기에 닿아 있다는 사실을 확인하게 된다.

> 總督府 情報課에서 演劇 演藝團體의 整備가 斷行된 바 내용은 다음과 같다.
> <每日新報 1944.5.10일자>
>
> 一. 解散시킬 團體
> 1. 演劇團體-가. 金姬座 나. 演劇號 다. 國民座 라. 報國演藝隊
> 2. 樂劇團體-東亞女子樂劇團
> 3. 唱劇團體-半島唱劇團
> 4. 體育團體-朝鮮移動體育團
> 二. 統合할 團體(樂劇團體)
> 가. 第一樂劇隊 나. 羅美羅歌劇團 다. 半島歌劇團 라. 花歌劇團
> (以上 4個團體를 統合하여 5月 30日까지 2個團體로 함)
> 三. 移動團體로서만 存屬이 허락된 團體
> 1. 演劇團體-建設舞臺 2. 唱劇團體-朝鮮唱劇團

이 같은 근거로 확인되는 것은 이동 연극대에 대한 편성이나 근거에 대한 기사를 통해서도 확인된다. 앞선 1941년에 발표된 아래의 기사는 이동 연극대에 대한 기념사를 대신하여 편집된 기고문으로, 여기서 일종의 다른 지역으로 문화전파를 시도하는 이유가 단지 일제가 가진 목적을 수행하고, 이를 확산하기 위한 수단으로 이동 연예대가 편성되고, 존속되어야 한다는 목적을 분명하게 밝히고 있다.

　　농촌과 공장지대에 근로하는 분들에게 위로와 오락을 보내서, 來日의 새 힘을 기르고 국민으로서의 깨다를 바에 이끄러 준다는 역할은 반다시 劇協이 질머지고 나서야 할 중대사명이라고 봅니다. 임의 獨逸에서는 여러 가지 방법으로 실행해 온 지 오래고 최근 東京서도 한참 문제 중에 있는 것이 곧 移動演劇隊입니다.

　　실행하는 방법으로는 두 가지가 있습니다. 한가지는 직업배우들 - 도저히, 촌구석, 공장바닥에 가서는 나설 생각도 안 하던 배우들을 잇글고 도라 다니며 구경을 식히는 것이겠고, 또 한가지는 각 농촌공장을 차저 다니며 적당한 각본을 갓다 주고 그네들 틈에서 배역을 골나 素人劇을 장려하는 것입니다. 이외에 가벼운 演藝를 도락크에 실고 面面村村에 차저다니며 자미있고 즐겁고 그러고 어느 틈에 배우는 게 있는 구경을 식히는 방법도 있을 것입니다.

　　이동극의 사명이 그 얼마나 크다는 것은 임의 다- 아는 일이라 다시 말씀치 않으나 사업이 결코 전혀 영리만을 꾀하는 성질의 것이 안인 만큼 비용문제에 다닥치고 맙니다. 여기에는 반다시 이해있는 분의 큰 원조가 있어야 할 것입니다. 극협에서도 자리 좀 잡히면 제일착으로 이 일에 착수하여 생생한 국민의 문화재로서의 기능을 충분히 발휘하고자 안을 세우게 된 것입니다.

　　이리하여 지난 1월 15일 극협이사회에서는 극협의 직영사업으로 급속히 이동극단을 조직하기로 결의가 되여 감독관인 경무국장의 인가까지 받기에 이른 것입니다. 극협은 爲先 3월 1일까지에 극협에 加盟되지 못하여 해산을 하게 되는 군소단체의 배우들을 收容하여 이동극단 형성의 중심을 잡고 그 우에 지도자와 生新한 멤버를 추가하여 朝鮮서는 처음 보는 농촌, 어촌, 공장을 차저다니는 소형극단의 새 출발을 볼 것입니다.

　　물론 영리가 목적이 아니나 이 뜻있는 사업을 永續하자면 - 무료공개로는 도저히 그 뒤를 댈 수 없으며 그래서는 앞 길이 흐려지는지라 그야말노 최소한도의 입장료를 받고 최대한도의 구경을 식힌다는 목표아래 경영방침을 세우고자 하는 바입니다.

그럼으로 爲先 몇 만원의 기본자금이 필요합니다. 여러 가지 준비가 있고 여러 사람을 움직이는 일이요 또는 전부를 새로히 시작하는 터이라 이것저것 돈이 많이 들껩니다. 그럼으로 처음 시작할 때의 자금만 있으면 다음은 수입에서 지출이 되도록 맞처 나가야 될 것입니다.

배우들도 이 사업의 중요성을 인식하여 생활할 수 있는 정도의 월급에 만족해야 되고 지도자들도 그야말노 사회봉사하는 마음으로 이 일에 대해야 될 줄 압니다.[28]

이런 일종의 통치를 위한 전략으로서의 이동 연예대의 운영은 독일과 이탈리아의 전쟁에 동원된 연예대를 모방하고 있다는 것을 이후의 글을 통해서도 확인할 수 있다. 즉 일종의 전쟁에 동원되는 전략의 일환으로 연예대를 편성하고 이를 활용하는 전략으로 사용되는 면을 강조한다. 이런 맥락은 앞서 계몽을 위해 다양한 방법을 통해 많은 사람들을 만나려는 의도로 연극운동을 기획한 선각자의 모습과는 전혀 다른 방향을 보여준다.

앞서 개화기 시대에 공연을 통해 접하는 문명과 문물에 대한 이해를 도모하기 위한 방편으로 전개되었던 문화에 대한 계몽의 일환이라는 생각은 그 흔적을 찾기 어렵고, 오직 정치적인 목적이나 맹목적인 선동을 위한 수단의 일환으로 그 이동 연예대가 이용되고 있음을 보여주는 증거가 된다. 따라서 흔히 존재하는 이동 연예대의 실상이라는 것은 실제 문화 교류나 문화 전파와는 너무도 다른 방향으로 그 존재감이 형성되어, 실제 지역의 사람들에게 계몽적 사고를 도모하거나 일깨우는 것

---

28) 김관수(創氏名 岸木寬), 移動演劇隊 編成에 대하여, 삼천리(13권,3호) 1941.3.1. 176-177쪽.

과는 거리가 멀었다. 이렇기에 후에 정립되는 이동 연예대에 대한 고찰은 감언이설로 채우는 일종의 선동이자 선전의 도구로 전락한 공연 활동의 내용을 확인하게 한다.

현윤의 전시하의 독일과 이탈리아의 연극운동이라는 삼천리에 게재된 아래의 글은 이 같은 내용을 확연하게 드러내는 의도를 담고 있다.

一, 勤勞中에도 歡喜

최근 內地에서도 농촌연극이요, 移動文化隊요 하지만 우선 그 지방의 특유한 것이나 특징을 파내는 것이 急務다. 그러한 점에서 나치스 정부는 宣傳省을 설하고, 문화통제에 나섰으나, 그 중에는 지방의 민요, 民踊, 연극의 보호조성에 力瘤를 넣어서 계획적인 진흥책을 수립하고 있다. 우선, 이렇게 해놓고, 다시 아무 慰樂이 없는 지방이라든가, 새로히 된 거리에 이동연극, 혹은 상설영화관을 세우기로 한 것이다. 필자의 관찰로는, 독일의 KDF의 이동연극 같은 것은 우리들의 생각하고 있는 以上, 국토계획에 관계가 있다고 생각한다.

二, 獨逸의 演劇施設

독일에서는 환희와 노동이라는 것을 盛히 부르짓는다. 원래 독일은 오페라와 연극이 성행하는 나라로서, 옛날부터 각 연방의 主都는 말할 것도 없고, 인구가 3, 4만 정도의 도시에도 國立, 市立, 州立 등의 歌劇이라든가 연극이 반듯이 존재하고 있는 형편이다. 예컨대 인구 3십만의 공업도시가 되면 으레이 가극과 희극의 훌륭한 시립극장이 있는 것이 보통이며 극장시설이 전국적으로 돼 있는 독일은, 그 극장으로 하여금 戰時下의 환희와 노동을 위해서 100파-센트로 이용하고 있다. 즉 1933년 이래, KDF의 조직이 시행되어 모든 勤勞者 階級에 低料金으로 입장케 하여서 영화, 음악회, 그리고 가장 고급한 연극과 오페라를 보게끔 하였다.

이와 같이 諸種의 훌륭한 극장설비가 완비되어 있음에도 불구하고 극장문화의 도시집중의 弊는 矯正되지 않아서 遠隔의 農山漁村에도 移動演藝와 그 他를 보내는데, 다시 작년이래로는 소위 이동천막극장을 완성하여 巡演을 개시해서 전세계의 주목을 끌고 있다. 원체 극장이 많은 독일이지만 전국의 국립, 공립, 사립극장에서는 관객을 수용해낼 수 없어서 수십의 KDF직영의 대극장 건설이 각지에 인구비례로 계획되어 目下 진행 중이다.

또, 2萬이하의 소도시와 僻遠의 兵營의 소재지, 농촌, 광산지대, 산간의 자동차도로공사장,<216> 군수공장의 노동자에 이르기까지 일류도시에 떨어지지 않는 연극연예를 제공하여, 大都會와 僻地와의 문화생활의 사이를 축소하게 되어서, 이로서 이 천막극장같은 것이 실현되었다. 그 결과는 근처의 都會에 기차를 타고 가지 않아도 되며, 1年中에 數回는 都會와 조금도 다름없는 豪華版에 접하게 된다.[29]

이상에 드러난 이동 연예대의 활동은 식민지 시대 말기의 참담한 공연활동을 기록한다. 적어도 앞서 개화기 시대의 문화 교류와 새로운 문명에 대한 갈망으로 공연을 통해 개화된 세계를 무대라는 환경을 통해 제시하고자 한 노력을 점차 정치적이고 군사적인 목적의식을 갖고 이용하면서 선전, 선동의 도구로 전락시켜 이용하고 있다는 참담한 현실을 목도 할 수 있다. 이는 공연이라는 성과가 다양한 가치로 정립되는 양상이라는 사실을 새삼 일깨워주며 한편으로는 그 양상으로 인해 많은 폐단을 가질 수도 있다는 점을 분명하게 보여준다. 그리고 이런 두 가지의 상반된 견해로 인해 여전히 공연에 대한 이해나 태도에 있어 목적과 태도에 따른 관계성이 중요한 가치를 확인하게 만드는 요소라는 사실을 인지하게 한다.

---

29) 현윤, 戰時下의 獨伊의 演劇運動, 삼천리(13권, 3호), 1941.3.1., 215-216쪽.

제6장

한국 공연문화의 흐름 : 무대를 통한
다크투어리즘 엿보기

1. 1900년대의 희곡과 공연의 양상[30)

우리 공연 문화는 양란 이후 급격한 사회 변화를 통해 변화의 과정에서 양식적인 면에서의 대응적 출발에 기인하는 바가 크다. 사당과 유랑 예인의 등장은 의식면에서 형식면에서 전과는 다른 성과를 드러내기 시작하였다. 불교적인 색채가 짙은 사당은 거사와 사당이 한패가 되어 조직된 전문적 놀이패로 전국을 다니며 인형극, 가무, 곡예를 하는 예인 그룹으로 성장하다가 점차 환경이 어려워지면서 부침을 거듭하다 다양한 기예를 발휘하는 환경이 어려워지면서 판소리로 모아지는 경향을 보이는 19세기 말부터 집단은 해산되거나 판소리의 공연자 아래로 모이는 양상을 갖게 된다. 그리고 이런 집단화에서 19세기 중엽 (1860년대 안팎)에 조직된 협률사[31)로 모이게 된다.

이런 모임과는 달리 안성 청룡사를 근거지로 바우덕이패도 존재하

---

30) 1900년대 초의 희곡은 서연호의 희곡사에 언급되고 있다.

    이 글에서 언급되는 1945년 이전의 희곡은 서연호편, 『한국희곡전집』 1 ~ 5권, 태학사, 1996. 에 실려 있는 것을 참고로 했다. 이 희곡전집에는 해방 이전의 주요 희곡들이 망라되어 있다.

31) 윤광봉, 조선후기의 연희, 박이정, 1998. 284-286면.

였는데, 이들은 경복궁 중창 때 한양에서 공연을 하기도 하였다. 하지만 이들도 새로운 문물을 앞세운 신식 무대와 연극적인 행위와는 거리가 있고, 신풍조를 경험하고자 하는 유행에 밀려 점차 쇠퇴의 길로 나아간다. 결국 집단은 해산되어 만주나 다른 나라로까지 이전하여 유랑하는 연행을 하다 경제적인 이유로 결국 해산하고 만다.[32]

한편, 개화기 신문자료를 통해 새롭게 공연에 대한 일단의 기사가 처음 나타난 것은 황성신문의 4월 3일자 기사를 통해서이다.

> 西江 開雜輩가 阿峴等地에서 舞童 演戲場을 設하였는대 觀光하난 人이 雲集하얏거날 警務廳에서 巡檢을 派送하여 禁戢한즉 傍觀하든 兵丁이 破興됨을 憤痛히 녁이어 該巡檢을 無數亂打하야 幾至死境한지라 本廳에서 其開雜輩 幾許名을 捉致하고 該演戲 諸具를 收入하야 燒火아엿다더라.
>
> (『황성신문』(1899, 광무3년) 4. 3)

무동 연희장에 대한 소개와 이에 대한 당시의 반응을 통해 공연에 대한 높은 관심을 드러내면서도 한편으로는 관객이 운집하는 것에 대한 공권력의 반응을 드러내고 있다는 점에서 의미가 크다. 공연에 대한 생각이 이처럼 신문에 드러난 기사를 통해 처음 언급되는 것부터 직접적인 충돌의 양상을 보인다.

---

32) 윤광봉, 전게서, 287면.
   이 책에 따르면 20세기 초까지 바우덕이패가 안성 청룡사를 거점으로 공연을 하고, 그 후신인 안성 복만이패(1935년 전성)와 다시 구 후신인 원윤덕패(1939년 해산)가 활동하였으나 결국 사라지고 말았다고 한다.

연극사적으로 무대극을 중심으로 한 연극행위에 대한 이해는 적어도 무대라는 공간과 배우가 통해 전달하는 언어의 조화를 통해 관객에게 무엇인가 유의미한 내용이 전달되는 과정 속에서 이해되어야 마땅하다. 그런 까닭에 배우가 새로운 현실 인식과 언어 인식에 바탕을 두고 사실적인 대사를 읊조리며 관객에게 전달하는 내용이 있는 연극적 행위를 기반으로 성립된다고 하겠다.

19세기 말엽부터 일본 연극과 중국 연극이 한반도에서 공연되기 시작한다. 거류민들이 많은 지역을 중심으로 극장 역시 설립되기에 이른다. 물론 극장의 설립은 기본적으로 전기가 보급되기 시작하면서 실내 공연이 가능한 여건이 조성되는 1900년대 이후라야 가능하다. 적어도 궁궐에 전기가 설치된 1899년 이후 전기가 차차 일반인들에게도 보급되었고, 지역을 중심으로 전기가 공급되기 시작하면서 극장의 형태가 온전하게 갖추어졌다고 보는 것이 바람직하기 때문이다. 서울에 일본 공사관이 설치된 때는 1880년 11월 26일이었고, 일본 민간인이 서울로 들어오기 시작한 것은 1884년 3월부터였다. 또한 정부에서 공식적으로 일본 민간인의 입경, 정착을 허용한 것은 1885년 2월부터였다. 쇄국 정책의 일환으로 모든 외국인이 우리나라에 올 수 없었던 시기가 바로 겹쳐지는 것을 생각하면 상당히 빠르게 일본인을 중심으로 우리나라에 정착할 수 있었던 셈이다. 일본공사는 청국이 수표교 근처에 청국인 거류 구역을 설정한 전례에 따라 진고개 일대인 오늘날의 중구 예장동, 수송동, 충무로 지역을 일본 거류 구역으로 정하게 된다. 그리고 1885년 89명에서 1895년 1839명, 1905년 7677명으로 크게 늘어난다. 특히 일본인을 위한 극장은 자료를 통해 확인이 가능하지만 중국인을 위한 공연에 대해서는 자료를 더 모아야 한다. 여기서 의미있는 것은 개항 이후 일본인들이 일본 연극 보급을 통해 자국의 문화를 지속적으로 보급, 유지하려 노력했다는 점이다. 이를 통해 그들은 문화를 앞세운 정복자의 효과를 누리려고 했다는 점이 뚜렷해진다. 같은 시기에 서양 선교사들은 교회당과 채플시간을 이용해 그리스도 일대기를 극화한 성극을 공연했다. 그리고 이런 연극적 행위는 감수성이 예민한 한국청년들에게 큰 감명을 주었을 것으로 짐작된다.

한국에도 연극과 유사한 탈놀이, 굿, 판소리 등의 여러 연희양식이 있으나 공연장소, 조명, 배우의 연기방법, 작품의 구조, 의상 등에서 앞서 제시한 일본연극이나 선교사들의 성극과는 많은 차이를 보이는 것이다. 즉, 무대라는 개념이 다르고 공연의 형식 역시 우리와는 차이가 있어 서구식 연극 자체가 도입될 때까지도 형식을 제대로 갖춘 희곡은 없었다. 문답식으로 된 소설정도가 희곡에 대한 인식이 싹트고 있었음을 알게 할뿐이다.

한편 연극 공연은 이보다 사정이 나았다. 엄밀하게 말해 연극 '공연'이라고 할 수는 없지만, 서구 양식과 한국의 전통양식이 결합된 창극33)이 공연된 것이다. 여기서 주목되는 점은 당시 교과서에 반영된 연극과 희곡에 대한 내용이다. 희곡을 중국이 창극 개념이 아닌 서구 문학 장르의 하나로 인식한 것이다. 1907년 간행된 <중등 만국사>에는 세익

---

33) 서연호, 『한국근대회곡사연구』, pp.19～24. 참조.
    백현미, 「창극이 역사적 전개과정」, 이화여대박사논문, 1996. p.25. 참조.

스피어, 존슨, 라신, 코르네유, 레싱, 괴테, 실러 등을 간략히 언급하면서 희곡가나 희곡적 필력이라는 단어를 사용하고 있는데 이는 새로운 문학에 대한 이해를 엿보게 한다.[34] 1908년 이채우 역의 <20세기 구주문명 진화론>에서는 괴테, 세익스피어, 실러 등의 극작가와 「파우스트」, 「오셀로」, 「햄릿」 같은 작품을 소개하는 한편, 소극에 대해서도 언급한다. 1909년 장지연의 <만국사물 기원 역사>에서는 희곡시나 비극과 같은 희곡의 개념에 대해 서술하고 이를 설명하기도 한다.[35]

여기서 주목적인 점은 우리의 구극에 대해 낡고 무익한 것으로 이해하면서 새롭고 유익한 것은 일본의 신파라고 주장하는 것이다. 이것은 19세기 말 서울 남산 기슭에 일본인 극장이 세워지고, 일본 배우가 와서 공연한 사실을 알린 점과 1902년 일본인 공연장에서 벌어진 우리나라와 일본사람들의 충돌에 대해 일본 헌병의 발포, 일본 영사의 손해배상청구 사건 등에서 이해될 수 있다. 또한 이 보다 앞서 10월 27일부터 한 달 정도 청일전쟁을 취재하기 위해 우리나라를 방문한 가와카미는 자유당원으로 하카타 출신으로 알려진 인물인데, 우리나라의 여러 상황을 자신의 시각에서 그대로 묘사하고 그려낸 「가와카미전지견문일기」라는 보고식 군사극을 도쿄에서 1894년 12월 3일부터 공연하였다.[36] 이 연극은 가와카미가 당시 한반도 전역에서 본 여러 상황 즉 군부대 · 야전 병원 · 포로수용소 · 평양시내 · 전투장면 · 일본군의 죽음 · 한인 참살 · 청군 도주 등을 보고극의 형식으로 묘사하여 큰 호응을 받

---

34) 서연호, 이상우 저, 『우리 연극100년』, 현암사, p.33.
35) 전게서, p.33.
36) 전게서, p.59.

은 것으로 알려진 작품이다. 이를 통해 당시의 우리나라에 대한 일인들이 갖는 시각을 이해하는데 큰 도움이 된다. 적어도 우리나라가 겪는 전쟁의 참상을 자신이 갖고 있는 일본중심의 시각으로 형상화하면서 우리에 대한 군인의 입장과 사고를 기반으로 철저히 제국주의적 관점을 통해 전장의 상황과 승리에 대한 확신을 드러낸다는 점에서 그렇다. 특히 우리국민을 전쟁을 이유로 참살하는 장면을 연극속에서 보도적인 사실처럼 드러냈다는 점은 그들이 우리나라를 어떤 시각에서 바라보고 있는지 여실히 증명된다.

우리나라에 대한 기행적인 면을 드러낸 점에서 일종의 여행기적 내용을 포함한 연극이지만 한편으로는 이런 맥락을 통해 서양 선교사와는 다른 시각으로 우리나라를 바라본다는 점에서 주목을 요한다. 특히 전쟁터라는 특수성을 나라전체의 국토로 확대하면서도 자신들이 승리를 위해 매진한다는 위의 논리는 선교사들이 종교적인 맥락에서 예수의 삶을 무대로 드러내는 것과는 비교할 수 없는 직접적이고 사실감 넘치는 시선으로의 접근이라는 점에서 그렇다.

2. 1910년대의 희곡과 공연의 양상[37]

극장사나 연극사적 관점에서도 근대극의 발전은 산문스타일의 희곡이 정착되고, 형식적으로 크게 변화를 갖기 시작한 입센의 희곡으로부터 시작된다는 것이 정설이다. 이를 대략 1870년대로 본다.[38] 시민사회의 실생활적인 연극으로 희곡이 변모되고 개인의 각성이라는 측면에서 주제적인 면이 부각되기 시작한 것을 근대극의 시작으로 보는 것이다. 이런 기준에서 우리나라의 공연을 이해하면 1910년대 후반 즉 3.1만세운동을 거행한 이후부터 근대극이 시작되었다고 보는 것이 일반적이다.

그렇기에 1910년대 희곡이나 공연의 양상은 다양한 관점이 우후죽순처럼 생겨나고 새로운 문화적인 변모가 소개되기 시작한 시기로 이해된다. 정치적으로 1910년대는 일본이 한국을 강제로 점령하여 혹독한 무단정치를 실시하던 시기이며 이러한 상황 아래에서 전통연희 양

---

37) 1910년대 희곡은 이두현, 유민영, 서연호의 희곡사를 참조했음.
38) 유민영, 개화기의 근대극 태동, 『근대한국공연예술사 자료집1』, 단국대 공연예술 연구소 편, 단국대학교, 1984. 165면.

식들은 성숙화의 과정을 밟지 못한 채 쇠퇴해 갔다. 대신 일본에서 들어 온 신파극39)은 일제의 비호와 창극의 쇠퇴에 따른 공연장르에 대한 한국인의 갈증과 주권상실의 슬픔 등이 복합되면서 1910년대의 연극계를 지배하다시피 했다. 신파극의 공연은 상업적이고 통속적인 방향으로 타락해 갔으나 극적 갈등을 극적 구조와 교묘히 결합시키는 방법으로 감정적인 고양을 통해 극적 상황을 만들어 내는 방법을 알고 있었다.

이런 상황에서 정통 신극(리얼리즘양식의 무대극)은 자기 영역을 제대로 확보하지 못한 채 몇 몇 작가에 의해서만 희곡이 창작되었다. 정통 신극은 1920년대와 1930년대를 지나면서 서서히 제 영역을 확보해 갔다. 첫 희곡 <병자삼인>이 발표된 때는 1912년이고 두 번째 작품 <규한>이 발표된 때는 1917년이다. 이후 1918, 1919 양년에 걸쳐 8편 정도의 희곡이 창작되어 1910년대의 희곡은 모두 10편 정도로 알려지고 있으나 확인할 수 있는 것은 조중환40)의 <병자삼인>41), 이광수42)의 <규한>, 윤백남43)의 <국경>과 <운명>, 그리고 최승만44)의 <황혼> 등 5편이다.

---

39) 서연호, 『한국근대희곡사연구』, pp.43~61.
40) 조중환(1863~1944): 본명 조일재.
41) <병자삼인>관련 논의는 서연호, 유민영의 희곡사외에 ·권오만, 「'병자삼인'고」, 『국어교육』17, 한국국어교육연구회, 1971. 한점돌, 「'병자삼인'의 희곡사적 위치」, 『선청어문』13, 서울대 사범대. 1982. 11 등이 있음.
42) 이광수(1892~6.25때 납북). 소설가, 호는 춘원.
43) 윤백남(1888~1954): 희곡작가, 연출가.
44) 최승만(1897~): 극작가.

1) <병자삼인>

최초의 창작희곡으로 알려진 <병자삼인>은 1912년 『매일신보』[45)
에 연재된 것으로 극적 구성이나 내용전개에 미흡한 면이 있지만 관객
과 함께 웃고 즐길 수 있는 소재를 희곡화한 점이 높이 평가된다. 작가
는 1910년 전반기에 공연된 <불여귀>,<송백절>,<쌍옥무>,<장한
몽>,<청춘>,<단장록> 등 많은 작품들을 번안, 각색하였고 대부분
이 일본 소설의 번안과 각색이었다. <병자삼인> 역시 같은 방식으로
창작된 작품으로 해석되나 여기서는 창작희곡으로 언급한다. 초창기
의 희곡을 성립시키고 발전시키는 과정에서 <병자삼인>은 국한문혼
용의 문어체 문장을 구어체 대사의 희곡으로 새롭게 변화시키는 데 일
정한 기여를 하였으며 극적인 행위의 현실감을 위한 말의 현실화에 대
한 노력을 보여주었다.

<병자삼인>은 변화하는 사회 속에서 여권신장에 대한 논의가 활발
하게 전개되던 무렵에 연재된 것으로, 세 쌍의 부부가 등장한다. 남편
은 모두 무능하거나 아내보다 낮은 지위에 있으며, 뒤바뀐 전통 실추의
남녀 관계에 대한 시각을 보여주고 있다. 작가의 근대적 자각이 부족했
다는 논의와는 상관없이 여성과 남성의 문제를 본격적으로 해부했다
는 점에서 의의가 크다. 변화하는 사회의 동향을 정리하고 표현한 문제
의식은 당대의 사회상과 현실인식에 대한 작가의 풍자정신으로 귀결
된다.

---

45) 매일신보. 1912년 11월 17일~11월 25일

당대의 무대구조와 사용법을 알려주는 단초를 보여주는데, 무대지시문과 대사가 큰 비중을 차지하고 있다. 반면 무대장치, 조명, 막의 개폐신호, 과장된 연기 등 1910년대의 신파극 양상이 적지 않게 반영되고 있으며, 작품 속 언어들도 설교조나 웅변조 등의 신파극의 공연방식과 동일한 맥락 속에서 기술되고 있다. 그리고 배우의 직접적인 대사나 무대지시에 의한 행동으로 구분해서 기술해야 할 곳도 연극적인 전개나 상황에 대한 대강의 설명만으로 끝내 버려서, 무엇인가에 대한 구체적 대사가 없다보니 배우의 즉흥적 화술에 의존한다. 이는 무대공연이 아닌 신문에 연재를 하게 되면서 나타난 문제로, 화술극 방식을 문자인 각본으로 전환시키는 과정의 미흡한 결과로 보고 있다.

이처럼 신파극의 방식이 그대로 반영된 부분이 많음에도 불구하고, 연극대사의 독자적 표현 방법인 독백과 방백도 들어 있다. 내면적 갈등을 표출하는 독백이거나 재치있는 논평의 방백에는 아직 미치지 못하나 연극적 대사의 기능을 폭넓게 활용하려는 의도의 전문성이 다분히 드러난다. 또한 대사 가운데 잠재되어 있는 논리성은 극의 중심의도를 살리기에 충분하며, 행동성, 시각성, 청각성 등 연극이 필요로 하는 요소들을 살리기 위해 우리의 언어를 폭넓게 창의적으로 구현하려는 새로운 노력 또한 주목할 만하다. 비록 과도기적인 문화 수용의 단계에서 일본의 것을 모방하는 한계를 벗어나지 못한 구조적인 문제를 내포하고 있지만 초창기 희곡의 성립과 발전에 일정한 기여를 한 것으로 평가되고 있다.

이 작품은 여성이 남성을 지배하는 상황을 야유하는 내용으로 되어 있다. 전반부는 새로운 교육을 받은 신여성이 바보 같은 남성의 잘못을 꾸짖는 내용으로 전개되나 끝 부분에서는 여자들의 행동에 남자들이 항의하고 이어서 여자들은 자기의 행동에 잘못이 있음을 인정하고 앞으로는 남성을 비웃거나 깔보지 않겠다고 맹세한다. 새로운 가치관이 기존의 가치관을 파괴하고 그 자리를 대신하는 현상을 공박하는 작품이며 근대의식의 유입을 공박해야할 만큼 보수적인 태도를 보여 주는 작품이다. 붕괴되고 있는 전통적인 가족제도와 가정윤리에 대한 애착은 이 작품의 긍정적인 측면이라고 할 수 있다.

또한 작품을 통해 드러나는 개화에 대한 인식은 앞서 제시한 바와 같이 개화사상을 전달하고자 하는 노력의 일환으로 읽힌다. 적어도 작가가 보여주는 근대의식은 공연상황이 전제되지 않은 상태에서라도 문자를 통해 서구의 정신이나 사상에 대한 보급의 중요성을 암시하는데 부족함이 없다.

여성의 권리는 조선말에는 더욱 힘의 논리를 앞세운 현실적인 생각으로 인해 크게 대두된 적이 없었기에 이 작품을 통해 여성이 남성을 비웃는 태도나 의도적으로 묘사된 남녀 간의 차별적인 생각은 당연히 근대적인 생각 속에서 작가가 드러내고자 한 표현의 중심에 놓인다. 즉 근대성을 기반으로 한 새로운 서구사상의 유입을 자발적인 태도로 수용하면서 작품의 형식 역시 대화체를 기반으로 공연양식의 절충을 시도한 셈이다. 이런 점에서 이 작품이 갖는 서구양식에 대한 파레시아의 면모는 비록 단초이기는 하지만 조심스럽게 드러난다고 하겠다.

2) <규한>

이광수의 창작희곡 <규한>에 대해 이두현은 '근대극을 개인에 눈 뜬 근대시민사회의 의지의 표현으로 본다면 춘원의 희곡은 한국 근대 극으로서는 최초의 희곡다운 희곡을 가졌다'고 보고 있다. 이광수는 최 초의 근대소설을 쓴 소설가이기도 하다. 『매일신보』46)에 문학과 연극 의 상관성을 연재하며 재현예술로서의 연극이 갖는 태생적 사실성에 주목하였고, 이후 <규한>을 발표하기에 이른다.

이 극은 조혼의 부당성을 비판한 단막극으로, 연극적 기교보다는 주 로 토론의 형식을 지닌다. 조혼의 비극을 사실대로 표현하려 했다는 점 에서 리얼리즘의 정신에 근접하였다고 볼 수 있다. 당시 지식인, 특히 도쿄(東京) 유학생들이 대부분 안고 있던 고민을 대변해줌으로서 시대 성을 충분히 반영하고 있는데, 그 고민은 구식결혼(조혼)의 질곡과 거 기에서 벗어나기 위한 자유연애와의 상극에서 오는 고민이었다. 그러 나 이 극의 비극성(悲劇性)은 오히려 인습적인 결혼에 의해 희생된 본 처의 정신적 파탄에 있다. 춘원은 사실성에 입각해서 이 작품을 쓰고 있지만 남편에게 버림받은 여인의 비극적 단면을 묘사하는데 있어서 는 사실적인 표현을 넘어 환상적인 분위기를 자아내며, 거의 상징적인 효과까지 얻고 있다. 제목을 고려하면 여성의 시각에서 바라보는 결혼 의 의미가 강조되는 것으로, 작가가 당시의 결혼의 폐단이 갖는 문제점 을 얼마나 심도있게 바라보려 했는지 짐작된다. 적어도 우리가 여기서

---

46) 이광수, 「問學이란 何오」, 『매일신보』, 1916.11.10.~23.

규명하고자 하는 새로운 가치나 정신적인 면을 강조하는 것이 우리 작가의 손에서 서서히 태동되고 있음을 확인한다는 점에서 의미가 크다.

<규한>은 1917년 1월 『학지광』에 발표되었지만 공연된 기록은 없다. 연극적 기교는 별로 없는 토론의 형식이라 공연하기도 어려웠을 것이다. 이 작품은 조혼이라는 제도가 자아와 개성을 억압하기 때문에 자유의사에 따른 결혼을 해야 한다는 주장을 담고 있는, 작가의 주제의식이 비대해져 있는 작품이다. 이광수는 이 작품을 쓸 무렵 발표한 글에서 혼인의 목적은 종족의 번영과 행복에 있다면서 혼인하려는 당사자 두 사람의 건강, 혈통, 경제적 능력, 당사자 상호 간의 연애 등을 강조하기도 한다.

> 생리상으로나 심리상으로나 충분히 교육함이지요. 문명국에서는 남녀의 혼인 연령을 제정하야 법정연령 이내의 혼인하기를 금하지요. 그런데 조선에도 남자 만 십팔세, 여자 만십오세하는 법률의 제정이 있건마는 인지가 암우하야 그것을 준행하지 아니하지오. 혼인없는 연애는 상상할 수 있으나 연애없는 혼인은 상상할 수 는 것이외다. 종래로 무수한 혼인은 전혀 이 근본 조건을 무시하였습니다. 이 사실에서 무수한 비극과 막대한 민족적 손실을 근한 것이외다. 혼인은 일종 계약이외다. 계약은 그 원인이나 당사자의 일방이 소멸함을 따라 당연히 소멸할 것이다.
> ―『학지광』(1917.4)「혼인에 관한 관견」

<규한>에는 외국 유학생의 부인 이씨와 최씨가 등장한다. 가정을 위해 모든 것을 희생해가며 유학 간 남편의 귀국만을 기다리는 이씨에게 강제로 한 우리 결혼은 무효이니 이제 서로 자유의 몸이 되자는 편

지가 전달된다. 이러한 내용의 편지를 받아본 부인 이씨는 충격을 이기지 못해 정신착란을 일으키게 되고, 이 장면을 본 주위의 사람들은 한결같이 이씨의 남편을 비난하면서 이씨의 입장을 동정한다. 아내에 대한 권태와 미움을 법률이라는 용어로 위장하며, 연애 없는 혼인이었고, 혼인을 계약이라 하는 남편의 위선적 태도는 일방적이다.

여기서 주목적인 것은 이들이 유학생의 부인이라는 점이고, 외국에서의 문명에 대한 동경은 사람의 근본적인 각성과도 연결되는 맥락으로 표현된다는 점에서 일종의 투어리즘적인 시각이 엿보인다고 할 수 있다. 자국을 벗어난 이국에서의 생활과 경험을 토대로 선진국의 문명과 이를 조우한 부인들에 의해 추구되는 각성은 이 땅의 계몽 필요성을 일깨우면서도, 과거의 문제와 충돌하고 그 문화를 접하지 못한 인물들과 갈등의 요인이 된다는 점에서 양쪽의 시각을 드러낸다. 어느 한쪽이 바람직하다고 주장하기보다 양가의 의도와 경험에서 차이나는 내용을 드러낸다고 하겠다.

작품에 드러나는 계몽의 가치는 이처럼 인물을 통해 자연스럽게 전달되며, 어느 것이 옳다라는 주장보다 효율적인 시각에서 질의하는 방법으로 선택된다. 독자나 이 연극을 관극한 관람객은 충분히 숙고하면서 감상할 수 있는 계기가 마련될 것이다. 적어도 문학적인 접근에서의 계몽과 가치에 대한 이해는 이처럼 선택의 제공과 예시를 통한 이해에 기반한 형국으로 표현된다.

3) <운명>

윤백남의 <운명>은 1921년 처음 공연되었다. 그러나 <운명>은 작가의 처녀작이었고 동시에 조선인의 작으로 조선 무대에 상연된 최초의 희곡이라는 작가의 주장에 따라 1910년대의 희곡으로 취급된다.

> <운명>은 나의 처녀작이었고 동시에 조선인의 작으로 조선무대에 상연된 최초의 희곡이다! 이러한 의미 아래에서 유치하나마 영원히 이것을 남기고저 한다. 기외에 몇 가지 작(作)과 번안(飜案)은 당시 극계에 이상한 자극을 주었던 것이다. 그러나 그 몇 가지는 우리 극계 발달사에 산 역사거리로 생각하고 감히 이를 나의 사업을 사랑하는 여러 동우에게 바치고저 한다.
>
> ─『운명』서문, 신구서림, 1924

지상에 발표한 희곡으로 1918년의 <국경>이 있으므로 위의 서문대로라면 그 이전에 <운명>을 탈고했다는 것이 되기 때문이다. <운명>은 그릇된 기성윤리와 유교의 폐습이 낳은 부권 남용을 고발하고 밀려오는 해외 사조에 맹목적으로 영합하는 젊은이에게 경각심을 주어 새로운 도덕과 일종의 미풍양속을 일으키자는 개화기의 희곡이다. 관행적으로 수행되는 과거의 구습을 탈피하고 새로운 가치와 행동을 통해 개인의 권리를 지키자는 것이 주된 관점이 된다.

윤백남은 1921년 조일재와 극단 문수성을 조직하여 연극활동을 시작하면서 민중극 운동의 필요성을 역설하게 되는데, 이후 대중성이 가미된 조선근대 연극운동의 진로를 탐색하게 된다. 이 작품은 같은 이름의 희곡집『운명』47)에 수록되어 있으며, '사회극'이란 각제를 부기한「

운명」, 빅토르 위고 작「레미제라블」의 부분을 각색한「희무정」, 작자 미상의 번안희곡「영겁의처」등 3편의 희곡이 수록되어 있다. 이 희곡집은 김영보의 『황야에서』(1922)와 조명희의 『김영일의 사』(1923)에 이은 세 번째 창작 희곡집이 된다.

<규한>이 조혼의 피해를 비극적으로 취급한 작품이라면, <운명>은 연애가 전제되지 않은 사진결혼의 문제를 희비극적으로 다룬 작품이다. 그럼에도 충격적인 자극과 인과응보의 법칙에 있어서는 <규한>보다는 <운명>이 신파극이 추구하는 체계를 갖추고 있다. 여자가 하와이로 시집오게 된 것은 서양을 동경하는 허영심이 적지 않게 잠재하고 있었고, 성공한 남자인 줄 알았던 남편은 실상은 구두를 수선해서 겨우 끼니를 잇는 가난뱅이에 도박과 술로 세월을 보내는 타락한 사람이었다. 여자의 심리적, 육체적 고통은 결국 자생적인 것이었다. 그러나 마지막에 남편이 아내의 칼에 쓰러지는 것은 비극적 상황이지만 관객에게는 통쾌한 완결이다.

이 작품을 통해 작가는 비뚤어진 결혼관에서 빚어지는 가정생활의 고통과 진실한 사랑의 중요성을 강조하고 있다. <운명>은 당시 하와이 이민이 처음 시작되던 시기에 유행하던 사진결혼의 폐단을 다룬 사회극이다. 남자의 사진만 보고 하와이로 시집온 여자, 그것도 신교육을 받은 여자의 예기치 못한 불행과 이 불행에서 빠져나오는 것을 도와주려는 옛 애인의 재등장이 관객의 흥미를 유발하기에 충분하다. 기대와 달리 몹시 무식하고 불량한 사람인 남편으로 인해 불행하게 지내던 여

47) 윤백남, 『운명』, 신구서림, 1924.

주인공이, 자신을 불행하게 만든 남편을 옛 애인과 힘을 합쳐 제거하고 둘만의 삶을 열어가기로 한다. 남편과 옛 애인의 대립이 표면을 형성하고 있음에도 둘의 직접적인 대립은 없다. 직접적인 대립이 없는 갈등관계로 인해 직접적인 대결이나 양상이 드러나지 않아 주제전달이 약화되어 나타나고 있다. 그리고 사건 전개과정에 우연이 지나치게 많은 단점이 있다. 이는 신파극에서 흔히 사용되는 수법이자 감정적인 과잉을 초래하는 요인이기에 신파극의 맥락으로 작품을 평가하는 이유이다.

하지만 소재적인 면에서 하와이라는 낯선 외국땅을 동경하는 자세나 태도를 통해 서구적인 열망을 드러낸 점, 그곳에 사는 삶을 동경하기에 선택을 하여 하와이까지 시집을 오게 된 점 등은 계몽적인 형성이나 외국문명에 대한 동경적인 시각을 그대로 차용한 흔적일 수 있다. 외국 문물이나 외국에서의 삶에 대한 막연한 동경은 당시 우리가 지닌 계몽적인 시각의 한계로 표현된다. 한편으로는 이 한계는 문명에 대한 호기심에서 출발한 의지적인 면이 상당히 포함되어 나타난다. 신식 문물에 대한 공부와 이것을 통해 새로운 삶을 살고자 하는 의지는 시대를 넘어서 여전히 진행형으로 남아있는 도전정신의 다름아니다. 도전하는 삶은 마땅히 칭찬받을 수 있지만, 편향된 시각은 수정되는 것이 바람직하다. 이런 점에서 가보지 않은 이국 땅에 대한 동경은 현실적인 시선으로 다시 재정립될 때 그 신기루가 사라진 본 모습을 드러낸다. 이런 시각을 계몽적인 깨달음으로 바꾸는 것이 선각자로서의 제안일 것이다.

문학에 드러나는 계몽의 다양함은 이 같은 시각과 판단의 혼합된 구조로 드러나고 인간들의 욕망과 맞물린다. 단지 개연적인 면을 부각하기 위한 수단이기도 하지만 한편으로는 대다수가 지닌 욕망의 실체를 부각함으로써 현실적인 태도를 촉구하는 이성적인 행위이기도 한 셈이다. 한편 여기에 나타나는 서구적인 동경의 면은 당시의 작가에게 근대로 표방되는 이미지가 어떤 식으로 이해되는지 알려준다. 실체적인 면을 통해 적응못하는 과정을 겪는 것은 도착한 후의 행위이고, 새로운 땅으로 가는 것은 희망이나 혹은 기대감에 부응한 행동이라고 할 수 있다.

물론 주제적인 면과 별도로 작품을 통해 구현되는 극적 상황을 통해 희곡의 전형적 특징을 알 수 있다는 측면에서는 그 성과가 주목할 만하다.

4) <황혼>

최승만의 희곡 <황혼>은 1919년에 발표되었다. 조혼한 남성이 신식여성과의 애정 때문에 본처와의 이혼을 주장하다가 정신적인 고통을 참지 못한 끝에 자살한다는 내용으로 되어 있다. 조혼으로 인한 부부, 부자간의 불화와 이혼문제, 그리고 주인공의 죽음으로 극이 끝나는 결말, 토론식의 대화 등은 춘원의 <규한>과 다를 바 없다. 신파극의 과장된 감정 표현이나 격식을 답습하는 대화 방식 등은 아쉬움으로 남는다. 특히 설교식, 토론식의 대화는 혼인문제에 대한 계몽을 의식하고 쓴 작품임이 잘 드러나고 있다. 계도적이고 계몽사상에 대한 접근을 문학적인 시도로 이렇게 구사하는 것이다. 일종의 훈계식 대화와 인물 간의 대립은 주제적인 면으로 작가의 의도를 드러내기 위한 전략이고, 대립을 통한 성격의 구축이라는 희곡의 작법과는 별개로 오히려 작가가 대중에게 던지는 주제 전달로서의 역할이 강조된 형태라고 할 수 있다.

자유연애와 결혼관은 인생에 있어 중요한 과정이자 계기를 형성한다. 결혼은 타인을 받아들이는 행위이면서 한편으로는 집안의 결합이고, 사회적인 관계를 맺게 만드는 중요한 사회적 제도적 행위이다. 그렇기에 개화기에 대한 인식의 변화나 계기를 만드는 중요한 지점을 대부분의 지식인들은 결혼에 대한 생각으로 집중되는 바가 크다. 이는 단지 제도적인 행위를 넘어 결혼이야말로 인간의 새로운 환경을 조성하는 가장 결정적인 계기가 된다는 점에서 무엇보다도 우선시되고 중요하게 다루어진 것이다. 그리고 이런 관점은 결혼에 대한 다양한 작품으로 형상화된 셈이다.

작가는 주인공을 낡은 제도와 사회의 희생물로 만들어 놓으며 조혼과 중매결혼의 비극성을 고발하고자 하였으나, 혼인한 몸으로 순정과 연애 중 가출까지 감행한 그가 자살을 하는 것은 비장감을 주기보다는 극적 구성의 미완성과 성격 추구의 미숙성으로 생동감이 떨어져 보인다. 애인이 보는 앞에서 자살하는 행위는 사회적 희생으로 간주되기가 어렵기 때문이다. 부인과 이혼하려는 근본적인 이유는 애인이 생겼기 때문이고, 다시 말하면 부인이 싫어졌다는 것이다. 그러나 그에 대한 명분을 낡은 제도의 파괴, 권리의 쟁취, 사회 정의를 위한 행동 등으로 사회문제인 듯 위장하면서 이혼의 문제를 치열한 삶의 문제로 다루기보다 연정 위주로 다룬 것이다. 낡은 가치관에 대응하는 새로운 방향을 추구하여야 하고 그것을 위해 노력을 해야 함에도 불구하고 허망한 감상주의로 끝낸 것은 시대정신의 한계로 보인다.

새로운 문물을 받아들이는 일에 열중하던 당시 젊은이들은 과거의 것은 모두 조야하고 부끄러운 것이며 버려져야 할 것으로 드러낸다. 그 대표적인 현상이 결혼문제와 관련되어 나타났는데 개화된 사람은 자유연애를 하고 신여성과 결혼해야 하는 압박감에 시달렸던 것 같다. 그래서 이혼, 연애 등의 문제로 고민하던 주인공 김인성은 문제해결에 직접적으로 맞서지 못한 채 부모와 사회에 대한 원망만을 남긴 채 스스로 목숨을 끊는 것이다. 남주인공의 행동은 전진적이지 못하여 극적 갈등을 구성하는데 부적절하다.

개화를 통한 근대문명이나 새로운 사상과의 조우를 통해 공연예술 분야는 다양한 방식으로 근대성을 드러내는 데 힘을 기울였다. 하지만 이런 시도는 예술이 지닌 특성으로 인해 시도되거나 표현된다고 해서 바로 대중들에게 전파되지 않는 시간적인 기다림이 필요하였다. 즉 일정한 목표를 제시하고 표현하면서 전파하더라도 그 내용이 자연스럽게 받아들여지고, 내면에 스며들기 위해서는 일정한 시간이 필요하다는 것이다. 이는 다양한 형태를 통해 개화의 필요성이 공연형태를 통해 제시되는 것으로 확인할 수 있다.

무대극의 전통이 없었던 우리에게 서구의 무대를 통한 공연에 대한 기대는 극장으로 수많은 대중을 불러오는 효과를 저절로 가진다. 이는 그 당시 대중이 갖는 개화에 대한 의지나 필요, 혹은 갈망을 행동으로 보여주는 셈이다. 단지 극장이라는 신문물 혹은 전기조명이라는 낯선 환경에 대한 동경도 어느 정도 기여하는 바이지만 한편으로는 무대를 통해 정제된 형태의 주제전달방식이 대중들에게 큰 울림을 준 것이라고 이해할 수 있다.

3. 1920년대의 희곡문학[48)]

1920년대는 한국인이 대동단결하여 일본제국주의에 대한 저항이 거세지던 시기로 이때 민족정신과 문화주의를 한층 고조시키는 기회를 마련하기도 했다. 개항시기에 새로운 문명을 맞이한 조선의 젊은이들은 외국유학이라는 원대한 목표를 세우고 꿈을 이루기 위해 도전하였으며 이런 도전의식이 조금씩 결실을 거두듯 우리에게 영향을 끼치는 시기라고도 할 수 있다. 유학생들이 결성한 연극단체는 당시의 가장 앞선 문화이자 문학의 일환인 서구극을 소개하고 이를 활용하기 위한 방법을 모색하였으며, 그 시대의 사회상을 연극 속에 담으려는 노력을 하게 된다. 즉 우리가 가지지 못했던 문명이나 문화에 대한 반성과 더불어 신문화를 소개하면서 그 가치를 우리에게 전달하기 위한 소극적인 노력을 기울이게 된다는 의미이다. 이것이 새로운 극단의 출현이고 20년대 유학생을 중심으로 조직된 '극예술연구회'의 시작이었다. 이를 임

---

48) 1920년대 희곡은 서연호, 유민영의 희곡사와 김미도, 「1920년대 리얼리즘연극 연구」, 고려대석사논문, 1988. 김재석, 「1920~30년대 사회극 연구」, 경북대박사논문, 1992. 심상교, 「1920년대 희곡의 특성고(Ⅰ)」, 『한국학연구』8집, 고려대한국학연구소, 1997.을 참조했음.

화는 아래와 같이 설명한다.

> 조선에 있어 가장 명확하게 근대극운동의 기치를 올려 처음으로 신극을 상연한
> 것도 역시 학생등이 중심이 되어 1920년 조선의 땅을 밟은 '극예술연구회'였다. 이
> 단체는 현재 조선의 푸로레타리아 문학운동의 최초의 제창자의 일인이었던 김기
> 진, 조명희를 비롯하야 김수산, 홍해성, 고한승 등으로 되어 상연 희곡으로 '던세니-'
> 의 <찬란한 문>, 조명희의 <김영일의 사>외에 한 가지였다.....(중략)....그러나 이
> 때부터 순업의 신파조와는 다른 경향으로 일반의 연극열이 전국에 휩쓸었던 것이
> 다. 신파형의 구경거리등을 각지방에서 만원의 성황을 이루었던 것으로부터 각지
> 방 청년회, 교회 등은 년중사업으로 소인극을 하였으며 도회 유학생의 귀향기에는
> 반드시 연극을 선물로 가져갔던 것이다 49)

임화는 그 당시 유학생들의 연극과 그 영향에 대해 신파극과는 다른 재미를 선사하고 근대적인 문명이나 문물에 대한 적극적인 소개와 방편이라는 측면에서 연극이 얼마나 많은 사람들에게 영향을 끼쳤는지 보여주고 있다. 여기서 유학생들의 선물이라는 측면과 구경거리가 되는 이 연극이 주는 영향력은 주의를 기울이게 만든다. 결국 유학생들이 보여주는 작품은 일종의 여행과 같은 낭만과 이국적인 문명 그리고 문화적 충격을 선사하기에 여행과 같은 이미지를 드러내는 것이라면 이 작품을 통해서 얻게 되는 효과는 일종의 문학작품 이상의 아우라를 갖는 본래의 의미를 뛰어넘는 과정으로 관객에게 인지되는 것이라는 점이다. 이는 우리가 발견하는 내용의 다름 아니고 한편으로 이 내용을

---

49) 임화, 「조선근대극 발달과정」, 『연극운동』, 창간준비호, 1932.5. 양승국, 『한국현
   대극 강론』, 연극과인간, 2019, 56~57쪽 재인용.

통해 얻는 효과가 계몽성이라는 사실은 쉽게 이해되는 바이다.

극작가와 창작희곡의 수가 증가되기 시작했으며 극예술협회로 대표되는 학생극 운동은 전문 극단이 아니었지만 근대적인 연극이 어떤 것인지를 보여주는 활동을 했다. 그리고 서구 근대극이 이론과 함께 수용되었고 또 정착의 가능성을 보여 주었다. 신문이나 잡지를 통하여 서구의 근대극 이론이나 작가와 작품이 소개되기 시작했던 것이다. 1910년대의 연극풍토를 비판하면서 새로운 연극운동을 일으켜야 한다는 주장도 대두되기 시작했다. 그 다음으로는 극작가들의 현실인식과 주제의 확대를 지적할 수 있다. 비록 소극적이기는 하지만 김우진이나 김정진 등의 작가에 의해서 식민지의 고통스런 삶이나 지식인의 좌절 등이 희곡작품으로 형상화될 수 있었던 것은 1920년대의 희곡이 거둔 커다란 성과라고 할 수 있다.

앞서 1910년대 희곡이 지닌 개화에 대한 의지는 더욱 세련되고 구체적인 형태를 통해 대중들에게 표명된다. 이후 소개될 작품에서도 언급하겠지만, 조혼이나 유학에 대한 동경이 구체화되면서 다양한 학문을 배우는 대학이라는 배경을 갖게 되는 점이나 여정을 통한 풍경의 제시는 단지 눈에 보이는 형태적인 변화를 드러내고자 하는 것이 아닌 환경에 대한 구체적인 안목과 근대성에 대한 자각이 함께 드러내고자 하는 의지로 읽을 수 있다. 비록 공연을 통한 성과가 일제의 간섭과 제국적 폭력 앞에 여러 차례 멈추게 되고, 이를 통해 그 위세가 꺾이는 수난을 당하기도 하지만 새로운 가능성의 발견과 이를 전파하려는 지식인들의 노력은 다양한 형태로 확산되기에 이른다. 서구 영화산업에 대한 이해를 도모하거나 음악과 춤 등 고전적인 양상에 더해지는 서구적인 면모의 가미는 비록 소극적이기는 해도 계몽과 근대화라는 다양성을 대중들에게 전달하고자 하는 일종의 의지라고 볼 수 있다. 이 같은 시도는 근대화되는 과정에서 지속적으로 이루어지는 문명 자체에 대한 탐구이기도 하지만 한편으로는 근대에 대한 아우라의 확산이면서 동경으로도 읽히게 된다는 점에서 의미가 적지 않다고 하겠다.

1) 『황야에서』

극작가이자 언론인인 김영보[50]는 1922년에 우리나라 최초의 창작 희곡집 『황야에서』를 출판하였다. 이어서 1923년에 조명희[51]의 <김영일의 사(死)>가 1924년에 윤백남의 <운명>이 출판되었다. 1921년 개성학당 상업학교 교사로 재직하면서 이기세가 주도한 극단 예술협회와 관련을 맺게 되었고, 그것이 희곡을 쓰게 된 계기가 되었다. 또한, <젊은 베르테르의 슬픔>을 번역해 국내에 처음으로 소개하기도 했다.

『황야에서』는 작가가 손수 장정하여 출판사에서 장정가가 표기된 최초의 단행본이기도 하다.

---

50) 김영보(1900~62): 극작가.
　　심상교, 「김영보희곡연구」, 『어문논집』34, 고려대국어국문학회, 1996.
51) 조명희(1894~1938): 소설가. 극작가.

『황야에서』 표지 초판[52]

표지 그림의 벌거벗은 여인의 뒷모습은 헤어 스타일 역시 서구적인 형태의 스타일로 작가가 직접 그린 것으로 알려져 있다. 당시로서는 파격적인 여인의 누드화는 주목을 끌기에 충분하였으리라. 저서에 수록된 작품은 <시인의 가정>, <정치삼매(情痴三昧)>, <연(戀)의 물결>, <나의 세계로>, <구리 십자가> 등 5편이며, <시인의 가정>과 <정치삼매(情痴三昧)>는 간단한 1막짜리 단막극으로 당시의 사회상이 재치있게 잘 드러나 있다. 그리고 이 작품을 단성사에서 공연한 기록도 있다.

<나의 세계로>는 2막으로 구성된 파격적이고 진보적인 연애관을 보여주는 작품이다. 일제에 작위를 받은 박승영 남작의 딸 설자는 자유연애를 통해 자식을 낳아 평양에서 음식점을 운영하고 있다. 아버지의 병환 소식을 접한 그녀는 집으로 돌아오지만, 여전한 남작의 가부장적 세계관과 구태의연한 태도를 접한 그녀는 자식을 호적에 올리고자 하는 아버지의 독단적인 행동을 거절하고 자유연애를 통해 사람의 진정

52) 국립중앙도서관 소장,
   https://terms.naver.com/entry.naver?docId=4353927&cid=60550&categoryId=63761

한 가치를 알았다는 의견을 피력하며, 천민과 양반의 잣대로 아들을 키우고 싶지 않다는 뜻을 굽히지 않고 결국 집을 떠나게 된다는 내용이다.

5편의 희곡은 우리나라 근대희곡작가가 추구한 두 가지 테마 중 하나인 전통인습 타파를 설득력 있게, 당시로서는 놀라울 정도로 진보적인 도덕관을 제시하였다는 작품내적인 의미가 있다. 대부분의 작품들이 파격적이다. 상류사회를 배경으로 숨겨진 가족사와 불륜 그리고 사생아가 등장해 그 시대의 작품이라 보기에 놀라울 정도다. 작품내용이 통속극의 범주를 벗어나지 못했으나 작가가 작품 속에서 추구하고자 했던 것은 가부장적인 봉건질서의 개혁과 인간다운 삶이었다.

이 가운데 <구리 십자가>는 빅토르 위고의 <레 미제라블>을 번안, 각색한 것이다. 당시에 유명했던 빅토르 위고의 이 작품은 한국에 번안되어 나오기 전까지 전혀 알려지지 않았던 작품이기도 하다. <정치삼매>와 <시인의 가정>은 1922년 극단 예술협회에 의해 공연되어 크게 인기를 얻었다. 이들 작품 대부분은 개연성이 결핍된 채로 사건이 전개되고 있으며 등장인물들의 행동이 조금 과장된 모습으로 표현되어 있다.

대표작인 <연의 물결>은 성이나 결혼문제에 개방적 사고를 가진 여자들의 행동 위주로 다루고 있다. 김진수의 정부에게서 태어난 아들 교창이 두 가정의 내부에 끼어들면서 생기는 문제를 중심으로 나타나는 네 쌍의 사랑의 형태를 보여준다. 그리고 정도한의 처 경애는 다른 남자와의 혼전 성관계로 임신까지 한 몸으로 결혼했고 또 그 아기를 낳는다. 우연한 기회에 이 사실을 알게 된 남편 정도한은 고민에 빠지나 당사자 경애는 크게 고민하지 않는다.

한편, 김진수의 두 딸 순경과 혜경은 더욱 변모한 의식을 보여준다. 순경은 남편이 다른 여자와 교제하자 자신도 다른 남성과 교제하며 먼저 이혼을 요구하기도 한다. 당시까지 자유연애를 주장하던 희곡은 여자를 희생시키는 내용으로 되어 있는데 이 작품의 경우는 그 반대의 상황을 보여 준다는 데 의의가 있다.

2) <여성>

<여성>은 김영팔[53])의 작품으로 그는 조선프롤레타리아 예술동맹(KAFF)창설의 주동인물이었고, 1920년에 동경 유학생들이 조직한 최초의 학생극 운동단체인 극예술협회에 참여하며 연극 활동을 시작했다. 동경 유학생들이 연극활동을 계획한 이유는 가장 많은 숫자의 대중을 만나는 계기가 당시로는 연극외에 다른 대안이 없었던 까닭이다.

주로 <부음>, <여성>등 사회주의 성향의 내용을 담은 희곡을 썼다. 그의 대표작 <여성>은 1927년 2월에 개국한 경성방송국에 입사하여 근무하기 바로 직전 발표된 단막극으로서 학생극을 목표로 하여 쓴 것이다. 당시의 희곡으로서는 보기 드물게 작품의 구성이 치밀하게 되어 있다.

그러나 이 작품에는 근대극의 정신과 의지를 이념을 구현하려는 의지, 특히 프롤레타리아 문학의 이념을 극화하려는 데 경도되어 목적의

---

53) 김영팔(1902~6.25때 사망): 극작가

식이 강하게 들어가다 보니 인물의 성격이 경직되어 나타난다. 본격적인 프롤레타리아 경향극이 아니더라도 그의 작품의 바탕에는 항상 계급적인 모순이 다루어지고 있다. <여성> 역시 계급적 모순과 사회적 불평등에 대해 진지하게 고민하고 있음을 보여주는 작품이다.

주인공 경숙 남매는 조실부모하고 삼촌댁에서 자랐다. 삼촌의 도움으로 3년 째 학교를 다니고 있는 조카딸이 삼촌의 부당한 처사에 항거하는 내용을 담고 있다. 경숙은 은혜를 입은 삼촌 내외에게 고마움을 가지고 있으나, 삼촌 내외가 김판서에게 진 부채 때문에 경숙을 그 집 아들의 첩으로 팔아넘기려 하는 데서 첨예한 갈등은 시작된다. 마지막 장면에서 경숙 남매는 개성을 죽여가면서 남의 첩이 되지는 않겠다고 삼촌에게 정면으로 항거한다. 스스로의 삶을 개척하겠다는 강한 의지를 드러내는 것이다. 이는 기존의 가치관을 뛰어 넘는 행동으로 자아를 확립하는 계기가 되고 있다.

이 작품은 학생 관객을 대상으로 하여 그들에게 근대의식을 고취시킬 수 있는 교육적 주제를 강조하고 있다. 특히 여성이 천시되는 사회에서 충실한 교육과 인격적 자각을 통해 남성과 동등하게 자유와 권리를 추구하고 누려야 한다는 주장을 한다. 극중의 사태를 가족들의 토론식 대사 위주로 전개하는 것은 심각한 사회문제를 논리적으로 설득력 있게 전달하기 위한 방편이다. 이런 대사는 논리적 화법이 발달되어 있지 않던 당시에 학생들이나 일반 관객들에게는 어느 정도 진실과 감동을 주었을 것이다.

그러나 대사가 연설 같은 느낌을 주는 것이 단점이다. 현실 문제를 객관적으로 표현하면서 주제를 살리는 것이 아닌 관념적 설득과 토론으로 주입시키려 하다 보니, 연극적인 행동이나 분위기에서 생동감을 느끼기 어려운 취약성이 드러난다. 마지막 결말 부분에서의 경환의 대사는 격앙된 감정을 절제없이 드러내고 있어 인물묘사에 신중함이 떨어지고 있다.

3) <산돼지>

1920년대 대표적인 희곡작가는 김우진[54]이다. 김우진은 그의 짧은 생애와 몇 년 되지 않은 작품 활동기간에도 불구하고 1920년대뿐만 아니라 우리의 근대희곡사에서 가장 대표적인 극작가로 인정받고 있다. 그가 발표한 희곡은 <산돼지>, <이영녀>를 비롯한 다섯 편밖에 안 되지만, 이 작품들은 한국희곡사에서 소중하게 다루어져야 할 가치를 지닌 작품들이다. 뿐만 아니라 그는 연극운동에 직접 참여하여 연출을 맡기도 했고, 20여 편의 연극 평론도 남겼다.

그의 대표작 <산돼지>는 표현주의적 수법을 사용하고 있는 작품이다. 집필과정에서 친구 조명희에게 보낸 몇 통의 편지는 이 작품을 이해하는 데 도움이 된다.

접때도 말했지만 <봄 잔디밭 위에>를 인용한 극을 쓰려는데 허하시겠소? 내가

---

54) 김우진(1897~1926): 극작가.
한국극예술학회 편, 『한국현대극작가론1 -김우진』, 태학사, 1995. 이 책에 김우진 관련 논문과 관련서지 사항이 정리되어 있음. 그 외에 서연호, 『한국근대극작가론』, 고려대출판부, 1998. 양승국, 『김우진, 그의 삶과 문학』, 태학사, 1998.

해석하는 대로 그 기(氣), 그 정열, 그 영감에 살아나가려는 신체청년(새 개성)을 쓰렵니다.(1926.4.23.)

<봄 잔디밭 위에>는 2,3일 전부터 쓰기 시작합니다. 이 달 안으로는 끝날 것으로 믿고 있다.(1926.7.1.)

이 희곡은 내가(자신이 아니라) 포부를 가지고 쓴 최초의 것이요. 주인공 원봉이는 추상적 인물이요. 조선 현대 청년 중의 어떤 성격과 생명력을 추상해 본 것이요. 그 성격 중에는 형도 일부분 있고, 김복진도(이야기 들은 대로) 일부분 든 것 같소이다. …중략 …그래서 2,3막 전편의 이즘의 굵은 선의 행진이 이렇게 대강 되었습니다. 그러나 이것의 연출은 지금 조선 무대에서는 불가능하겠습니다. 첫째로 연출자, 둘째로 무대, 그러나 이것은 내 행진곡이요. 일후 어떤 극을 쓰든지 이곳에서 출발한 자연주의극, 상징극, 표현주의극 어느 것이 되든지 간에 주의해 둘 것이요. 형의 시의 인용은 잘 되었든 못 되었든 용서하고 그대로 두시요. 나는 이상화의 <마돈나>를 안 보았지만 형의 이 시 한 편은 지금까지의 조선 신시인의 작품 중에 걸작으로 알고 있으니까. 그만큼 나는 힘쓰고 더럽히지 아니하려고 했습니다. …하략…(1926.8.1.)

— 김우진의 서신[55]

위 서신의 내용에서 보듯이 같은 극예술협회의 회원이자 가까운 사이였던 친구 조명희의 시집 『봄 잔디밭 위에』가 새 작품을 구상하게 하는 계기가 된다. <봄 잔디밭 위에>를 제목으로 집필하고 이후 초고를 수정하는 과정에서 <산돼지>로 개제된다.

작가는 원봉을 통해 현실인식과 역사의식 그리고 상황 극복을 위한 실천적 의지와 노력을 구체화하고자 노력했다. 동학군의 아내로서 원

---

55) 서연호, 『한국근대희곡사』, 고려대출판부, 1994. pp.118-119.

봉을 잉태한 채 관군에게 강간당한 친모, 동학군으로 사형당한 친부, 친부와 감옥에서 의형제를 맺고 자기 딸과 원봉을 후일 결혼시키라 유언한 양부, 남편의 유언을 지키고자 과거를 숨기고 줄곧 원봉을 키워온 양모의 활동상은 몽환장면을 통해 밝혀진다. 그럼에도 불구하고 원봉은 마을 처녀를 사랑하고 여동생은 원봉의 친구를 사랑하는 데서 양모와의 갈등은 심화된다.

김우진 사진56)

동학군의 유복자로 태어난 원봉은 산돼지로서의 운명을 타고난 인물이다. 때문에 세상 밖으로 나가 '사회를 위래 민족을 위해 원수 갚고 반역'해야 하는데, 현실의 울타리인 최주사댁은 이를 용납하려 들지 않

---

56) https://search.naver.com/search.naver?where=nexearch&sm=tab_etc&mra=bjky&pk id=1&os=120891&qvt=0&query=%EA%B9%80%EC%9A%B0%EC%A7%84

을 뿐 아니라 원봉이 집돼지로 계속 머물기를 바란다. 현실의 울타리를 뛰쳐나가야 할 원봉이나, 현실의 장벽에 부딪혀 뛰쳐나갈 수 없게 되자 원봉은 극심한 정신적 갈등을 겪다가 병석에 눕게 된다. 몽환을 통해 출생과정의 비극적 사건도 새롭게 알게 되고 벽을 뛰어 넘어야 하는 운명에 처했다는 것도 알게 되지만 그의 행동에는 아무런 변화가 일어나지 않는다.

작품에 인용된 <봄 잔디밭 위에>는 봄의 대지 위에서 어머니를 상실한 슬픔과 어머니에 대한 간절한 그리움을 노래한다. 이는 나라를 상실한 젊은이들의 비통과 자유와 사랑의 대지를 갈망하는 상징성으로 표현된다. 그러나 이런 시도에도 불구하고 전체적인 작품의 완결성은 제대로 이루어지지 못했다는 지적을 받는데, 지나친 토론식 대사와 관념의 과잉으로 인한 행동성의 결핍 그리고 복잡한 잠재의식의 극적 형상화와 과감한 사회적 지향성이 하나의 통일된 인격으로 생동감 있게 구현되지 못했다는 것이다.

주인공 원봉의 삶은 김우진과 많이 닮았다. 김우진은 자신의 시대를 식민지 지식인으로는 아무 것도 할 수 없는 시대로 의식하였을 뿐, 이에 적극적으로 대처하고 극복하려 한 인물은 아니었다. 그는 어느 누구보다 자기 시대를 깊이 알았던 인물이긴 하지만, 어느 것 하나도 해결하지 못한다. 그 자신이 사실주의나 자연주의라는 개념을 피력하고는 있으나 하나의 객관적인 작품을 완성시키기에는 예술적 역량을 모두 드러내지는 못하였다.

4) 기타

김정진[57]의 <십오 분간>은 1924년에 발표된 세태풍자극이다. <십오분 간>은 허위에 가득 찬 주인공 석사란의 정체가 15분 동안에 여지없이 폭로되는 과정을 밀도 있게 그려나간 단막극이다. 연극무대를 의식하고 쓴 작품임을 알게 해 줄 정도로 대사나 지문도 세련되어 있다. 등장인물의 성격도 무난하게 그려졌고 황금만능주의에 사로잡힌 사회에 경종을 울리려는 작가의 의도도 분명히 드러난다.

그 밖의 작가와 작품들로는 박승희[58]의 <이 대감 망할 대감>이 있다. 이 작품은 1928년 10월에 토월회에서 공연했다. 양반의 허위의식을 풍자한 한국 고전 <배비장전>을 패러디하여 풍자성이 강한 희극으로 만들어졌다. 공연의 특성을 비교적 많이 고려한 작품으로 평가된다. 그리고 조명희의 <김영일의 사(死)>는 동경에서 고학을 하는 조선인 유학생 김영일의 죽음을 다루고 있다. 신문배달을 하던 가난한 고학생 김영일은 길에서 거액의 돈이 든 지갑을 줍고 고민 끝에 원래 주인인 전석원에게 돈을 찾아 준다.

그러나 막상 모친의 위독 소식에 여비를 보조받고자 전석원에게 사정하지만 거절당하고 그의 비인간적이고 몰인정함에 분개하여 다툼을 하게 된다. 이것이 사상논쟁으로까지 번져 격투를 하게 되고 친구 박대연의 주머니에서 떨어진 불온문서가 화근이 되어 모두 구속된다. 이튿

---

57) 손종훈, 「김정진 희곡연구」, 영남대석사논문, 1983. 한을희, 「김정진 희곡 연구」, 조선대석사논문, 1993.
58) 박승희(1901~64): 극작가. 연출가

날 석방되지만 영일은 신문배달 중 다친 몸이 혹한 속에서 급성폐렴으로 악화되고 그날 밤 생을 마친다.

　작가는 고난 속에서도 자신의 이상을 잃지 않고 노력하는 민족주의자의 전형을 그리려 했으나 주인공의 현실인식이 미약하고 행동방향이 애매하게 표현됨으로써 생동감을 주지 못하고 있다. 그리고 지나치게 긴 대사와 주제의식의 지나친 확대로 극적 갈등이 부각되지 못한 작품이 되고 말았다.

4. 1930년대의 희곡문학[59]

　1930년대는 일제의 경제공황 타개노력과 침략전쟁 감행이 동시에 발생했고 이 과정에서 한국어와 한국문화는 극도로 탄압 받기 시작했다. 이와 같은 고난의 시기에도 희곡과 연극은 더 번성했고 활발한 활동을 하였으나 그 수준은 이에 비례하지 못했다. 1930년대 희곡의 특기할 사항은 내용과 형식면에서 동시대의 다른 문학 장르의 흐름과 많이 달랐다는 것이다. 당시 희곡은 다른 문학장르에서 발견되는 모더니즘은 거의 발견되지 않으며 시대인식의 치열성과도 떨어져 있었다. 이와는 달리 대중적 성향을 따르는 작업에는 익숙해 있었다.

　1930년대의 희곡과 연극공연은 크게 셋으로 나누어질 수 있다. 하나는, 극예술연구회[60]에서 꾸준히 이어진 근대극 운동이 극예술협회를

---

59) 1930년대 희곡은 서연호의 희곡사와 고설봉: 장원재 정리, 『증언연극사』, 진양출판, 1990. 손화숙, 「1930년대 프로연극 연구」, 서울대석사논문, 1990. 양승국, 「1920~30년대 연극운동론 연구」, 서울대박사논문, 1992. 김미도, 『한국근대극의 재조명』, 현대미학사, 1995. ·이재명, 「1930년대 희곡문학의 분석적 연구」, 연세대 박사논문, 1992.
60) 김성희, 「1930년대 극예술연구회 연구」, 이화여대석사논문, 1983. 이대범, 「극예술연구회 연구」, 강원대 석사논문, 1988. ·이상우, 『유치진 연구』, 태학사, 1997를

주축으로 계속된 것이고, 다른 하나는 동양극장을 중심으로 한 신파 극
단의 활동이 본궤도에 오른 것이고 세 번째로는 사회주의 경향극의 대
두이다. 당시 대표적인 작가로는 유치진, 임선규, 채만식, 함세덕, 송영
등을 들 수 있다.

사회주의 경향극[61]은 1920년 후반기부터 꾸준히 이어져 왔다. 경향
극은 당시의 현실적 삶이나 사회문제를 중심으로 논리적이고 객관적
입장에서 실제와 흡사하게 표현하였다는 점에서 사실주의의 범주에
포함된다. 그러나 경향극은 사회주의 이념의 확대와 선전 선동에 치중
했기 때문에 정치극의 도식적, 관념적 한계를 벗어 날 수는 없었다. 경
향극의 작가와 작품으로는 송영[62]의 <호신술>, <신임이사장>, 채
만식의 <농촌스케치>, <밥>, <낙일>, 김운정[63]의 <기적 불 때>,
김유방[64]의 <삼천오백량>, <배교자>, 한설야[65]의 <저수지>, 이기
영[66]의 <그들의 남매>, <인신교주>, 김남천[67]의 <조정안>, 유진
오[68]의 <박첨지>, 김태수의 <노동자>[69] 등이 있다.

참조 할 수 있음.
61) 경향극에 관한 논의는 서연호의 희곡사에 나와 있으며 그 외에·양승국, 「프로작가
    들의 작품세계」, 『한국해금문학전집』17, 삼성문화사, 1988. 김미도, 『한국 근대극
    의 재조명』과 손화숙의 「1930년대 프로희곡연구」 등을 참조 할 수 있음.
62) 송영(1903~광복이우 월북): 극작가.
    한국극예술학회 편, 『한국현대극작가론3 -송영』, 태학사, 1995. 이 책에 송영 관련
    논문과 관련서지 사항이 정리되어 있다. 그 외에 홍창수(「한국희곡의 희극성연구」,
    고려대박사논문, 1997)의 논문을 참조할 수 있다.
63) 김운정(1886~1936): 극작가.
64) <삼천오백량>, 『영대』, 1924, 9./<배교자>, 『개벽』, 1923, 4.
65) 한설야(1901~광복후 월북): 소설가.
66) 이기영(1896~광복후 월북): 소설가. 극작가.
67) 김남천(1911~53): 소설가. 문예이론가.

1) <토막>

당시 제일가는 작가는 유치진[70]이었다. 그는 1960년대까지 활동하여 다양하고 많은 작품을 남겨 한국연극에 지대한 영향을 미쳤다. 그는 긴 기간 많은 작품을 썼기 때문에 그의 작품 경향도 다양한 면모를 보인다. 어쨌든 처음 시작은 빈궁한 식민지 현실에 대한 애정 어린 시각을 근간으로 한 사실주의적 성향이었다. <토막(土幕)>, <버드나무선 동리의 풍경>, <소>, <마의태자> 등 많은 작품을 발표했다. 이중에서 영문학과 시절 습작으로 썼던 <토막>은 졸업 후 문예월간지에 발표되고 1933년 극예술연구회에서 공연되면서 출세작이 되었다. 일제 강점기 이른바 토막민(土幕民)의 가난하고도 고뇌에 찬 삶을 다룬 이 작품은 명서와 경선 두 가정의 구체적인 생활을 객관적인 입장에서 비교적 진솔하게 표현해 놓은 점에서 사실주의의 한 성과로 본다. <토막>은 1920, 30년대 일제에 의해 처참한 삶을 살아가는 농민들의 현실상황을 극중의 실제 상황으로 집약시키며 사실주의적 수법으로 표현하고 있다.

---

68) 유진오(1906~1987): 학자. 정치가. 소설가.
69) 조선지광, 1927, 12.
70) 유치진(1905~53): 극작가, 연출가.
   한국극예술학회 편, 『한국현대극작가론5 -유치진』, 태학사, 1995. 이 책에 유치진 관련 논문과 관련서지 사항이 정리되어 있음. 그 외에·이상우, 『유치진 연구』와 박영정, 「유치진의 연극비평연구」, 건국대박사논문, 1997. 서연호, 『한국근대극작가론』, 고려대출판부, 1998. 등이 있음.

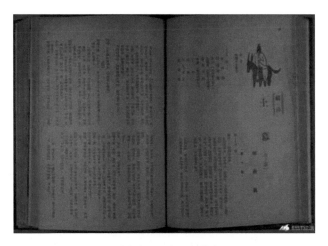
유치진 〈토막〉 사진[71]

　명서는 외양간과 같은 토막집에서 어려운 생활을 한다. 아들 명수는 돈을 벌기 위해 일본으로 갔으나 근년에는 소식도 없고 돈도 보내오지 않는다. 이웃집인 경선네는 이자를 갚지 못해 집을 비롯한 모든 재산을 차압당하고 명서네 집으로 쫓겨 오고, 결국 다시 고향을 떠나게 된다. 그리고 명서 일가에게 있어서 유일한 희망이던 아들 명수는 해방운동을 하다 붙잡혀 감옥에서 죽게 되고 그 백골만이 전달되면서 명서는 절망에 빠진다.

　일 년 내내 쉬지 않고 일을 해도 어두운 토막집과 고질적인 가난을 면치 못하는 농민들의 생활, 일본에서 민족투쟁을 하고 있는 아들의 입장을 이해하지 못한 채 돈을 벌어올 것으로 기대하는 명서, 세금과 빚에 집을 차압당한 채 온 가족이 거리를 방황하는 경선네 등 모든 일련

---

71) https://terms.naver.com/entry.naver?docId=530722&cid=46664&categoryId=46664

의 전개가 모순된 현실의 재현과 침통한 조선의 모습을 부각시키려 하고 있다. 이 작품이 주는 감동은 내용의 진실성과 현실성을 획득하고 있기 때문이다.

<토막>이 관객의 마음을 사로잡을 수 있었던 것은 이 작품이 예술적으로 잘 되어 있었다기보다 그들이 당시의 현실 때문에 자기표현에 굶주리고 있었던 탓이 아니었을까'라는 작가의 말처럼 작가는 되도록 직선적인 현실고발을 피하고 상실의 슬픔을 객관화시키고자 애쓰고 있다. 그러나 슬픔의 객관화가 되지 못하고, 작가의 주관적 개입과 감정의 과잉으로 인해 전체적인 비극의 승화가 긴밀한 연결로 일관성 있게 드러나지 않고 있다는 지적을 받는다. 그러나 이러한 예술성의 부족에도 이 작품의 역사성은 소홀하게 볼 수 없는 부분이다. 등장인물의 사실적인 성격 추구와 같은 부분은 당시의 다른 작품에 비해 상대적으로 현실적 주제의식과 사실주의의 구체적 발전을 보여준다.

작품 군데군데에 나타나는 저항적 요소는 당시의 시대상황으로 보아서는 꽤 대담한 표현이다. 그리고 절망적인 상태를 극복하려는 의지와 새로운 미래가 다가올 것이라는 신념도 나타나고 있는 작품이다. 그러나 성격의 대립이 보여주는 갈등은 뚜렷이 나타나지 않는 작품이다. 결국 작가 유치진은 <토막>을 통해서 당대의 빈궁한 삶은 정확하게 표현하는 데에는 성공했지만 그러한 삶의 원인을 살피고 극복하려는 데에는 실패했다. 유치진의 활동은 극예술연구회를 중심으로 전개되었는데 희곡작가는 아니었지만 당시 극예술연구회의 연출가 홍해성의 활동은 당시 연극계를 선도하는 값진 것이었다.

2) <제향날>

다음 작가로는 채만식[72]을 들 수 있다. 채만식은 소설가로서 뿐만 아니라 극예술연구회와 같은 연극단체를 통해 활동하지는 않았으나 여러 편의 우수한 희곡을 남겼다. <당랑(螳螂)의 전설>, <제향날>, <심봉사>같은 장편을 포함해 20여 편의 희곡을 썼다. 그의 소설이 현실에 대한 정확한 인식을 풍자구조에 걸러 표현하고 있는 것처럼 희곡도 이와 비슷한 구조로 써졌다. 그의 사실주의는 전반적으로 당대 농촌현실에 바탕을 두고 있으며, 모순에 찬 비인간적이고 불합리한 세계인가를 여러 측면에서 집요하게 관찰하고 고발하면서 농촌극으로 구체화하기에 이른다. 채만식의 사실주의는 현실의 충실한 재현으로써 구성의 불균형, 본격적인 성격추구의 취약성에도 불구하고 소재 선택의 당위성, 극적 상황의 현실성, 언어 구사의 탁월한 효과로 말미암아 극적이 환상과 감동을 주었다.

1937년『조광』에 발표된 <제향날>은 식민지 현실을 역사인식의 연속선상에서 추구하면서 민족의 장래를 상징적으로 모색하고 있다는 점에서 주목할 만한 작품으로 평가된다. 가족사를 중심으로 한 소재로 전개되는 이야기이나 심층적 의미는 민족사적인 과제를 다루고 있다. 이 작품에서 다루어진 할아버지, 아버지, 아들 등 3대에 걸쳐 나타나는 행동의 양상은 식민지 상황 속에서 역사적 과제와 연속적으로 긴밀한

---

72) 채만식(1902~50):소설가, 극작가.
   한국극예술학회 편,『한국현대극작가론2 -채만식』, 태학사, 1995. 이 책에 채만식 관련 논문과 관련서지 사항이 정리되어 있음.

관계를 맺으며 전개된다.

이 작품은 한말에서 일제강점까지의 격동기를 거치면서 몰락해 가는 한 가정의 모습을 보여주고 있다. 온갖 수난을 다 겪은 할머니가 남편의 제삿날 밤에 식민지세대라 할 수 있는 손자와 마주 앉아 회상을 하며 이야기는 전개된다.

시대 배경은 1894년 동학운동과 3.1운동 그리고 1936년 현시대이다. 소지주였던 할아버지는 동학혁명군의 접주로 활약하다 관군에 의해 공개처형 당한다. 그리고 아버지는 가업을 잇다가 3.1운동 때 항일 투쟁에 뛰어들어 쫓기다 중국으로 망명하게 된다. 그리고 독립운동자금 조달을 위해 고향의 전답을 모두 팔아감으로써 집안은 몰락하고 아들은 어려운 가정형편에 고학으로 지탱하며 동경유학 생활을 한다. 그 와중에 아들은 사회주의에 기울게 되고 사회주의가 독립 쟁취의 가장 이상적인 정치이데올로기라 믿게 된다.

독백이나 설명을 겸한 할머니 최씨의 느린 대사 속에서 가족사적인 투쟁은 구원을 위한 희생으로 비유되고 다시 그것이 미래의 독립국가 건설을 위한 불씨로 상징되면서 어린 손자에게 교훈으로 남겨지는 과정을 거친다. 할머니는 작품의 말미에서 자신도 오랜 세월을 기다리며 불씨를 지키겠노라는 뜻을 넌지시 밝힌다. 최씨는 애초에 남편, 아들, 손자가 한 일의 근본적인 의미는 모르는 무지한 인물로 나온다. 단순한 보고자로서의 역할에 충실한 이른바 민중의 한사람이다. 그러나 최씨가 말한 불씨의 정신은 끈질긴 역사의식을 환기시켜 주고 있다.

작품에 나오는 인물들은 한결같이 자신이 살고 있는 시대의 문제를 정면으로 받아들여 이를 개선하기 위해 노력한다. 성배의 아버지에서부터 아들인 상인에 이르기까지 자신의 삶만을 위해 현실에 순응하거나 타협하는 길을 택하지 않고 정면으로 맞서서 투쟁하고 개혁하려는 인물들이다. 작가는 이들의 삶을 통해서 식민지 상황에서 이 땅의 민중이 어떻게 생각하고 살아야 할 것인가를 보여주고 있다. <제향날>이 그만큼 작가의 건전한 사회의식에서 창작된 작품임을 말해 준다.

3) <촌선생>

당시 농촌의 현실을 농촌의 시각에서 담담하게 그린 작품으로는 이광래73)의 <촌선생>이 있다. 『동아일보』신춘문에 당선작으로 새로 개관한 부민관에서 공연되었다. 농촌의 현실이 날카롭게 나타나 있는 것은 아니나 농촌의 모순적 현실을 비교적 여실하게 보이고자 한다. <촌선생>은 촌선생으로 불리는 아버지 송선생과 그의 아들 형제 등 가족을 중심으로 전개되는 농촌극이다.

그러나 당시의 농촌극처럼 이 작품이 다룬 소재인 고리채로 인한 농촌의 황폐화와 이농현상, 동양척식회사를 주축으로 하는 조직적인 수탈과 만행, 돈 문제로 빚어지는 형제간, 이웃 간의 심각한 갈등 등은 현실의 고민상을 꼭 농촌생활에서만 찾을 필요가 있겠냐는 상투적인 소재로 지적을 받기도 한다. 작품 후반부에서 극의 갈등이 소를 둘러싼 형제간의 욕심으로 집약되어 있어서 극의 밀도가 떨어진다는 이런 측

---

73) 이광래(1908~68): 극작가.

면에서 유치진의 <소>를 이어받은 농촌극의 아류이며 독창성이 부족하다는 한계를 보여주어 비판을 받기도 하였다.

송선생은 20년 전 고향을 지키기 위해 귀향하여 차남인 달근과 농사를 지으면서 야학을 운영하며 농촌계몽에 힘을 쏟고 있다. 도회생활에 익숙한 장남이 농촌의 전원생활에 대한 환상을 꿈꾸며 고향을 찾아오면서 극은 시작된다.

농촌 봉사라는 명목으로 환영 받던 장남 부부는 농촌의 실상을 접하면서 농민들의 무지와 나태에 대해 비판하고, 이에 맞서 달근을 중심으로 한 농민들은 농촌현실과 동떨어진 달훈 부부의 문명의식을 비웃으며 백안시한다. 둘 사이의 긴장이 고조될 무렵 달훈은 자신의 결혼비용으로 아버지가 빚을 지게 된 사실을 알게 된다. 빚 때문에 일차적으로 수확을 앞둔 벼를 차압당하고, 퇴직금을 일방적으로 탕진한 달훈 아내의 낭비벽으로 인해 부부간, 가족 간의 갈등으로까지 이어진다. 송선생은 달훈 부부의 허위의식과 그릇된 습관을 꾸짖으며 서울로 돌아갈 것을 종용하고, 농촌 현실을 벗어나고 싶은 달근에게는 농사꾼의 본분을 다하라 이른다.

이 작품이 유치진의 <소>와 유사하기는 하지만 부부간의 대조적인 성격 추구가 잘 드러나는 등 등장인물들의 성격 설정이 분명하고, 구성에 짜임새가 있으며 극적인 분위기 조성이나 상황의 처리가 잘 이루어져 있어 발전적인 세련미를 보여주고 있다.

그러나 세 부자 사이의 갈등 구조를 심도있게 나아가지 못한 것은 이 작품의 독창성을 떨어뜨린 요인이 되고 있으며, 주제를 살리는 문제와

도 밀접한 송선생을 현명한 농촌지도자로 승화시키지 못한 점도 성격 추구의 취약성을 드러낸다. 작가는 도회의식과 농촌의식을 끝까지 대립적인 상태로 둔 채 편견을 극복하지 못한다. 농촌에 적응하지 못하는 인간은 도회지에서 살아야 하고, 농촌을 지키고 살아가는 것이 바로 민족을 지키고 삶의 근거를 지키는 일이라는 점을 송선생은 강조한다. 송선생이 깨어있는 의식의 인물임에도 복식이 관을 쓰고 도포를 입은 구시대의 설정을 한 것도 농촌을 민족의 거점으로 이해한 작가의 의식이 작용된 결과이다.

4) <사랑에 속고 돈에 울고>

임선규[74]는 1930년대 중반에 활동을 시작하였다. 그는 극단 조선연극사에 들어가 연극과 직접적인 연관을 맺게 되었고, 당시 연극계의 한 축인 동양극장의 최고 레퍼토리들만을 써냈다. 극작가로 이름을 날리기 시작한 것은 1936년 동양극장에서 극단 청춘좌에 의해 공연된 <사랑에 속고 돈에 울고>를 통해서이다. 그는 대중의 심리를 잘 꿰뚫어 관객을 감격시키는 재주를 가진 작가였다.

이후 동양극장에서 공연된 그의 인기작으로는 <유정무정>, <수풍령>, <유랑삼천리>, <북두칠성>, <정열의 대지>등이 있다. 극작

---

74) 임선규(1910~광복이후 월북): 극작가.
　　임선규에 관한 논의는 서연호, 유민영의 희곡사와 · 신아영, 「신파극의 대중성 연구」, 『한국극예술연구』5집, 1995. 양승국, 「1930년대 대중극의 구조와 특성」, 『울산어문논집』12집, 1997. 등에 있다. 또 고설봉: 장원재 정리의 『증언연극사』, 김미도의 『한국근대극의 재조명』에 관련 증언이 있다.

데뷔작인 <수풍령>이 민족주의 작품으로 상영중지 받자 이후로는 <유랑삼천리>, <북두칠성> 등의 오락적이고 가정적인 작품에만 전념하였다. 그의 작품들은 신파극의 전형적인 소재인 가정 비극에 입각해 있으나 이를 잘 짜진 극의 구성기교에 담아 통속적 방법으로 풀어내며 적절한 눈물과 적절한 안타까움을 작품에 잘 녹여내고 있는 것이 특징이다.

통속성과 최루성을 교묘히 결합시켜 흥행의 귀재라 불러도 좋을 만큼 인기몰이에 강한 작품을 많이 발표했다. 나라 잃은 백성들의 한을 일깨우는 시대성을 깔고 있으며, <동학당>은 동학을 본격적으로 다룬 최초의 장막희곡이다. 1990년대 후반까지도 유효한 신파극 <사랑에 속고 돈에 울고>를 비롯하여 <유정부정>, <수풍령>, <북두칠성>, <유랑삼천리>, <사의 승리>, <동학당>, <빙화> 등 주로 대중의 내면심리에 영합하는 작품을 썼다.

<사랑에 속고 돈에 울고>는 일제 강점기에 큰 인기를 모은 4막5장의 신파극으로 홍도야 우지마라로도 유명한 작품이다. 초연 이후 공전의 히트를 기록하며 동양극장을 대표하는 흥행작이 되었다. 일찍 부모를 여의고 가난하게 자라던 중 여동생 홍도는 오빠를 공부시키고 학비를 벌기 위해 기생이 된다. 그러다 우연히 오빠의 동창생인 부잣집 아들 광호를 만나 어렵게 결혼하지만, 남편이 유학을 간 사이 시어머니는 기생며느리를 부정한 여자로 만들어 내쫓음으로써 극적인 전환을 맞는다. 결국 버림을 받아 쫓겨나고 남편은 전 약혼녀와 결혼을 하려 한다. 억울함에 치미는 분노로 남편의 약혼녀를 살해하게 되고 그녀의 결

백을 밝히지만 홍도는 순사가 된 오빠에게 잡혀가게 된다. 높은 인기로 영화와 드라마로 여러 차례 만들어졌다.

작가는 친일적 연극도 쓰곤 했다. 그러나 대본으로 남아 있는 작품은 현재 몇 편밖에 없다. 참으로 아쉬운 일이지만 작품이 더 발견되어 그의 극작술에 대한 연구를 더 진행시키면 한국적 연극, 한국적 비극의 전형을 만든 작가로 평가받을 수 있을 것이고 등장인물과 작품 소재를 어떻게 극적 갈등과 조화를 시키는 지 그 전범을 보여주는 작가로 평가받을 수 있을 것이다.

5) <동승>

함세덕[75]은 1930년대 후반에 작품 활동을 시작한다. 1950년 36세로 죽기까지 20여 편의 장·단막극을 발표했다. 서정성 짙은 작품, 친일적 작품, 좌경적 작품 등 다양한 작품 세계를 보여 줬다. 처녀작 <동승>은 어린 사미승이 어머니를 그리워하는 마음을 서정적이고 낭만적인 분위기 속에 시적으로 그리고 있다.

초기의 작품은 농촌 배경의 희곡들의 영향을 받았으며 점차 서정적이고 낭만적인 특성이 더해진다. 목포와 강화도의 항구에서 보낸 어린 시절의 영향으로 <산허구리> 등 많은 작품의 무대가 바다나 섬, 어촌

---

75) 함세덕(1916~1950): 극작가.
  한국극예술학회 편, 『한국현대극작가론4 -함세덕』, 태학사, 1995. 이 책에 함세덕 관련 논문과 관련서지 사항이 정리되어 있고 그 외에·김만수, 『함세덕 희곡의 기호학적 연구』, 서울대박사논문, 1995. 서연호, 『한국근대극작가론』, 고려대출판부, 1998. 등이 있음. 그리고·노제운, 『함세덕전집』1~2권, 지식산업사, 1996. 가 있음.

이다. 그러나 좌우익 갈등, 월북으로 이어지는 정치적 격변 상황에서 그의 작품 성향은 변화를 겪게 된다. 그에게는 상반된 평가가 따라 다닌다. 모작의 성향이 많은 작가라는 평가와 소재는 유사하나 전혀 다른 세계의 전혀 다른 작품을 만들어 낸 훌륭한 작가라는 평가가 엇갈리고 있다.

<산허구리>는 서해안의 한촌인 산허구리를 극적인 공간으로 설정하고 배를 타거나 조개를 잡으며 근근이 살아가는 한 가족의 이야기이다. 이 작품은 온 가족이 바다에 나갔다가 풍랑을 만나 며칠 째 돌아오지 않는 둘째아들을 기다리며 시작해 시신으로 돌아온 아들을 두고 장례를 준비하는 것으로 끝난다. 가난 때문에 목숨을 걸고 바다에 나가지만 도저히 벗어날 수 없는 가난의 굴레가 실제처럼 잔잔하게 펼쳐진다. 조개를 팔러 나가려던 막내가 왜 우리는 밤낮 울고불고 살아야 하는지, 긴긴 밤 조개 잡으며, 긴긴 낮 신작로 오가는 길에 생각해 볼 것이라는 마지막 대사가 인상적이다.

1930년대 신극 운동을 주도해 온 극예술연구회는 1938년 극연좌로 개칭된다. 이듬해 부민관에서 유치진의 연출로 <동승>을 공연하였다. 이 작품의 공연에 대해 부정적인 평가가 있었으나, 이 공연을 계기로 함세덕은 극작가로서 널리 알려지게 된다.

함세덕 〈동승〉 초판본 사진[76]

    1939년 발표된 단막극인 <동승>은 작가가 학창시절 금강산에 천막생활 갔다가 본 사미승에게서 얻은 환상을 작품화한 것으로, 심산유곡의 작은 산사를 무대로 한 동승의 환속기이다. 이 작품은 행방을 알 수 없는 어머니에 대한 어린 아들 도념의 그리움과 기다림으로 시작한다.

    도념은 비구니와 사냥꾼 사이에서 태어난 사생아로 태어나 삼밭에 버려진 아이다. 주지스님이 데려와 키우며 강제로 동승을 만들었지만 도념은 부모가 살아있을지 모르는 세속을 늘 동경한다. 서울에서 한 젊은 미망인이 불공을 드리러 오면서 그 여인에게 모성을 느낀 도념의 환

---

76) https://blog.naver.com/yonginilbonews/223190026978

속 욕구는 더욱 커진다. 여인을 위한 목도리감을 마련하고자 살생의 죄를 저지르는 바람에 엄벌에 처해지고, 자신의 사랑으로 동승을 키우고자 하는 미망인의 간청을 주지는 거절한다. 결국 동승은 눈 오는 날 산문을 향해 정중히 고별을 하고 몰래 절을 떠난다.

절을 떠나면서 홀로 걷는 비탈길은 이제부터 그의 앞에 전개될 험난한 속세의 여정이거나 미지의 인생에 대한 도전을 상징한다. 인정이 그리워 속세를 찾아 떠나지만 언젠가는 진리가 그리워 절을 찾아 귀환할지도 모를 일이다. 결국 진정한 깨달음을 위한 구도의 큰 길에 오르는 것으로 비유되고 있다. 이 작품은 인성과 불성의 상관성을 사랑을 중심으로 하고 있으며, 특히 어린 소년의 어머니의 정에 대한 갈망과 미망인의 어린 아들을 상실한 아픔과 그리움을 대상으로 하여 부각시켰다.

위기 직전에 발생하는 덫은 반전의 효과를 극대화하기 위한 극적 장치로 함세덕의 다른 희곡에서도 종종 발견되는 극작방법이다. 단막극의 형식을 빌렸으나 희곡 구성의 기본을 깨뜨리지 않으면서 구성을 완벽하게 갖춘 점 또한 주목할 만하다. 각 인물들의 성격묘사가 작가의 주관적 개입없이 인물 상호간의 대화와 행동만으로 제시되고 있다는 점이나 사건을 통해 자연스럽게 변모하고 발전되어 완성된 모습을 보이고 있다는 점도 그렇다. 사태의 전개가 긴밀한 짜임새를 갖추고 환경적인 분위기와 인물 각자의 의지와 심리를 섬세하게 서정적으로 잘 드러냄으로써 식민지 시대에 찾아보기 어려운 사실주의의 본보기를 보여준다.

6) <호신술>

송영은 경향극의 대표 작가이다. 일본으로 건너가 노동자 생활을 하다가 귀국 후 최초의 프로문화운동단체인 염군사 조직에 들어간다. 프로 문학 활동 중 31년의 카프 제1차 검거와 34년의 제2차 검거에 연루되어 두 차례의 옥고를 치르기도 한다. 그의 작품은 몇 차례를 변화를 겪는데, 카프 시대에는 경향극에 전념한다. 이 시기의 대표적 경향극으로는 이동식소형극장과 극단 메가폰에 의해 공연된 <호신술>, <시대공론>과 신건설에 의해 공연된 <신입 이사장> 등을 들 수 있다.

이 작품은 작가의 연극적 재능이나 이념이 잘 표현되어 있으며, 이전의 희곡들에 비해 대사의 세련미가 돋보인다. 호신술을 익히고 있는 가족들의 모습을 통해 자본가의 개인주의적 이기심과 노사 간의 갈등 요인을 냉소적으로 풍자하고 있다. 그러나 작가는 희곡이 무대에서 공연되는 것을 관극한 경험이 별로 없었고, 극단 메가폰이 <호신술>을 상연하였을 때 처음으로 자작극을 관극하면서 희곡에 대한 실제 지식이 부족한 것을 깨달았다고 한다. 여기서 연기와 음향과 조명의 조화를 중요하게 지적하였다.

호신술은 여러 개의 공장을 운영하고 있는 상룡이 노동자들의 파업과 횡포에 대항하기 위해 체육사범으로부터 호신술을 배우고 있는 데서 연유한 제목이다. 호신술의 연마과정에서 가족들이 온통 부상을 입게 되고 나중에 스스로 경찰을 끌어들이는 것은 주인공의 의식이나 행동에 모순의 증폭을 가져오게 한다. 또한 건강과 재산을 지키기 위해

단골의사와 변호사까지 두고 있다. 무엇보다도 온 가족이 호신술을 배우는 모습을 우스꽝스럽게 과장하는 데서 희극적 관점은 구체화된다.

7) <농촌스케치>

채만식의 희곡은 전반적으로 사회주의적 인식이나 발상 혹은 그러한 경향이나 분위기를 바탕에 깔고 있다. 동반자작가로서의 활약상은 희곡에서도 드러나는데 <낙일>, <별건곤>, <농촌스케치>, <밥> 등을 대표작으로 들 수 있다. 그는 식민지의 사회문제와 구조적 인식에 집요한 관심을 기울이며 그런 현실을 개혁하고 상황을 극복하고자 사회주의적 리얼리즘을 수용하고 실험하고자 하였다.

채만식 <농촌스케치> 사진77)

<농촌스케치>는 당시의 전라도 농촌 현실을 바탕으로 구성되었다. 청년지주인 강추강을 중심으로 주인과 하인, 지주와 소작농, 일제 지배층 및 그들의 앞잡이, 농민과 서민층 사이의 갈등을 첨예하게 다루며, 농촌의 계급적 모순과 사회주의적 혁신의 필요를 강조한다.

지주인 강추강은 농토의 관리를 모두 소작인에게 일임하고 친구들과 오락을 하거나 기생을 데려와 주연을 벌이고 노는 것이 일과이다. 농민들의 어려움이나 고통은 안중에도 없으며 이해심이나 동정심 또한 없다. 이런 그의 오만함은 순사들에 의해 보호되는 것으로 그의 사회적 성향과 처세술을 시사하고 있다. 강추강에 대립하는 인물로 농민엽합회 한희열과 하인이었던 판돌이네가 등장한다. 전체적으로 이 작품은 부르주아층이라 할 수 있는 강추강의 일상생활을 세밀하게 묘사하면서 상대적으로 농민이나 서민층이 처한 본질적이고 고질적인 사회구조의 모순을 은근히 노출시켜 프롤레타리아 운동의 당위성을 고취시키려한 경향극이다 할 수 있다. 대사의 압축성과 심리적인 표출이 잘 이루어져 있다.

8) <기적 불 때>

김운정은 창작활동 초기에 신경향파 계열의 단막극을 발표하였다. 1924년 발표한 <기적 불 때>는 신경향파적 의도가 최초로 분명하게 드러난 작품으로 의의가 있다. 이 작품은 가난한 서민가족의 삶을 통해

---

77) https://ebook-product.kyobobook.co.kr/dig/preview/E000003438839

서 심각한 빈부격차의 양상을 계급적 모순으로 드러내며 고발하고 있다. <기적 불 때>에 등장하는 가족들은 모두가 막일 노동자이다.

가장은 얼음 뜨는 일을 하고 아내는 정미소에서, 장남은 공장, 장녀는 어린 동생을 키우며 각자 나름으로 열심히 일한다. 장남은 기차굴에서 일하다 다친 할아버지의 약값을 마련하기 위해 학교를 중단하고 공장에 다니는 소년공이다. 이들은 하루 일과를 끝내는 공장의 기적이 울려야 귀가하는데, 어느 날 기적이 울려도 장남이 귀가를 하지 않는다. 뒤늦게 공장에서 사고로 사경을 헤매고 있다는 소식을 듣고 주변의 의사들에게 구원을 요청하지만 돈이 없다는 이유로 모두 거절을 당한다. 아버지와 아들의 처절한 상황을 두고 가장인 경삼은 절규한다.

극중 상황은 빈곤한 생활상을 묘사하며 계급적 모순을 강조하고는 있으나, 극적인 행위보다는 설명에 의존하고 있으며 상투적인 표현이 많다. 그리고 사태의 필연적인 흐름이 아닌 '모든 재산가는 가난한 서민의 적'이라는 고정된 시각으로 말미암아 사회적 모순에 대한 현실감이 제대로 표현되지 못하고 있다.

9) <삼천오백량>

김유방은 『개벽』(1923)에 <배교자>를 발표하고, 『영대』(1924)에 <삼천오백량>을 발표한다. <삼천오백량>은 가난 때문에 삼천오백량에 술집 작부로 팔려가게 된 처녀와 그 처녀를 사랑하는 공원 청년을 중심으로 전개된다. 빈부 격차로 인한 공장 사장과 공원 사이의 계급적 우월과 학대문제, 인신매매 문제를 동시에 다루었다는 점에서 신경향파 계열의 작품으로 볼 수 있다.

작업 중 몸을 다친 청년은 공장에 나가지 못해 하숙비를 낼 수 없어 쫓겨나는 처지가 되고, 결국 공장에서 해직을 당하게 된다. 사장을 찾아가 복직을 사정하지만 끝내 거절당한다. 마침 금고에 가득한 돈을 본 순간 실성한 듯 사장을 목 졸라 죽이고 처녀의 집으로 달려간다. 그러나 처녀의 집에는 술집주인과 처녀의 양부 사이에 매매계약이 이루어지고 있는 중이다. 청년은 그 돈으로 처녀를 구하고자 하지만 곧 뒤쫓아 온 형사에게 잡히고 만다. 이 작품은 공장주의 횡포나 노사분규의 실태를 실감나게 잘 표현하고 있다. 대사와 행동 방식은 다소 서툴지만 청년의 성격을 계급에 대한 반항으로 이끌고 가는 전개가 무난하다.

10) <저수지>

1933년 발표된 한설야의 <저수지>는 파업투쟁을 하고 있는 고무공장 노동자들과 사주에게 아부하는 간부사원 사이의 갈등을 신경향극의 측면에서 극화시켰다. 그 외 경향극으로 <총공회>가 있으며, 중국노동자의 연대조직인 총공회의 파업과 그에 대한 군의 탄압을 보여주는 작품이다.

<저수지>는 자본가에 대한 파업투쟁은 어떠한 경우에도 정당하다는 전제에서 출발하고 있는 작품이다. 사주의 입장을 이해하고 편드는 간부사원은 노동자들에게 혹독한 비판과 비난을 받기에 이른다. 노동

자들은 파업투쟁을 성공시키기 위해 당국의 감시에도 불구하고 사주측을 방해하고 사주측은 공황으로 인해 임금인하, 공원감원은 불가피하다고 맞선다. 작품상에는 어떤 이유로 파업투쟁을 하지 않으면 안 되는지 개연성이 드러나지 않고 있으며, 노동자의 행위나 입장을 무조건적으로 정당하게 그리고 있어서 설득력이 떨어진다.

11) <그들의 남매>

이기영의 <그들의 남매>는 각자 부친이 다르게 태어난 남매의 이야기다. 주인공 월희의 모친은 가난 때문에 부잣집의 첩으로 들어가 아들 형준을 낳고 소박을 맞은 여성이다. 이후에 재혼을 하여 월희와 두 아들을 새로 두었다. 모친은 병중에 있고 부친은 노동학교의 교사를 하다 불순분자로 낙인찍혀 감옥에 있다 보니, 생계가 막연해진 가족들을 위해 월희는 술집의 여인이 된다. 여기서 미술가지망생을 만나 서로 사랑하게 되지만 그 청년은 바로 모친이 전남편에게서 낳은 형준이다.

이후 방직공장 노동자로 직업을 바꾼 월희는 노사투쟁에 앞장서고, 형준은 빈부격차의 사회적 모순과 자본가인 부친의 부도덕성과 횡포를 비판하며 생모를 찾아간다. 부친이 집행유예로 풀려나오던 날 여동생은 파업을 주도한 인물로 잡혀가고 형준은 월희의 뒤를 이어 투쟁할 것을 결심한다.

이 작품은 전반적으로 토론식 대사를 위주로 전개가 되는데 횡포나 죄악은 설명으로 드러날 뿐, 실제 계급적 갈등을 유발시키는 동기나 행위나 미약하고 관념적인 목적의식만 강하게 드러나고 있다.

12) <조정안>

김남천의 <조정안>은 1930년 8~9월초까지 일어났던 평양고무농장 노동자들의 파업사건에 관한 작가의 체험과 실제를 바탕으로 한 작품이다. 작가는 이 파업운동에 직접 참여하여 아지프로 활동(Agitation Propaganda, 선동, 선전활동)을 전개하나 실패로 끝났지만 이후 평양 평원고무공장 여성노동자들의 파업사건을 일으키는 계기가 되기도 하였다. 작가는 김기진이 주장한 프로문학의 대중화론에 대하여 개량주의라 비판하며 극좌적인 태도를 보이기도 했다. 1931년 전후로 카프 제2차 방향전환을 주도하고, 1931년 10월 카프 제1차 검거 당시 조선 공산주의자협의회 가담 혐의로 카프 문인 중 유일하게 기소되어 2년의 실형을 언도 받는다. 이후 1935년 임화 · 김기진과 협의하여 카프가 해산계(解散屆)를 낼 때까지 그는 조직에 충실하면서 사회주의적 리얼리즘을 추구한다.

이 작품은 파업투쟁의 과정을 재현하는 데 목적을 둔 것이 아니라 노사의 중간에서 조정자의 역할을 자임했던 개량주의적 민족주의자들을 비판하는 데 치중하고 있다. 사태가 어렵게 진행되자 사주측이 조정을 요청하게 되고 당시 실제 조정자 대표로 나섰던 조만식, 김병로는 작품에서 조만석과 김병현이라는 인물로 등장한다. 조정안은 회사 간부들이 직공들을 대할 때 말을 친절히 하는 것이 대우개선이고, 불량품 배상제도의 철폐요구는 거절하며, 해고수당 지급은 공장주들의 도덕심에 맡기고, 여공들의 수유시간 요청을 거절하며, 노동자들의 단체계약권은 정치적 요구라서 거절한다 등으로 되어 있다. 작가는 작품 속에서 이렇게 그릇된 조정안을 만들 수밖에 없었던 근본적인 이유를 개량주의적 운동단체들의 속성에서 비롯된 것이라 보고 있다. 당시 신간회가 주장하는 민족적 이익이라는 것이 식민지치하의 친일적 자본가를 옹호하는 행위에 지나지 않음을 지적하고 있다. 결국 신간회가 더 이상 민족의 이익을 옹호하는 단체가 될 수 없다는 것과 노동자들 스스로 신간회를 해체시키는 주체가 되어야 한다는 의지를 작품을 통해 작가는 보여준다.

13) <박첨지>

유진오는 1927년 『조선지광』에 <피로연>을, 1932년 『시대공론』에 <박첨지>를 발표한다. <피로연>은 매우 개방적이고 당돌하고 깜찍한 행동을 하는 신부가 피로연 석상에서 혁명주의자인 애인을 따라 남편을 버리고 만주로 도주하는 내용을 그리고 있다. <박첨지>는 카프 시대 대부분의 희곡들이 탄압으로 공연되지 못했던 것에 비해, 1932년 이동식소형극장에 초연되고, 같은 해 극단 메가폰에 의해, 다시 극단 대중극장에 의해 공연되었다는 점에서 특히 주목되는 작품이다.

잡지 『조선지광』 사진[78]

지주의 부채로 시달리는 선량한 박첨지는 아들마저 경찰에 잡혀감으로써 더욱 곤경에 처해진다. 일제와 지주의 착취로 시달리는 마을 사람들에게는 부역까지 지워져 있는 상태이다. 청년들의 대변자라 할 젊은 농민 조합원인 경문이 찾아와 강제부역 폐지, 돌쇠의 석방, 지세 탕감 등의 건의를 위해 농민회를 소집하고 참석을 요청한다. 하지만 지극히 절박한 문제임에도 박첨지는 이에 대해 회의적이다.

그러나 이러한 상황의 박첨지에게 고리대금업자 겸 지주인 김영철이 박첨지의 딸을 빼앗을 흑심을 품게 되고, 김영철은 박첨지에게 빚

---

78) https://terms.naver.com/entry.naver?docId=548919&cid=46668&categoryId=46668

대신 딸을 내어놓든가 아니면 당장 막대한 부채를 갚으라는 독촉을 해온다. 이에 박첨지가 말을 듣지 않자 박첨지의 농토를 모두 차압한다. 그러나 딸인 입분이는 과감하게 집안을 구하기 위해 대금업자를 따라 나가고, 박첨지는 분노와 절망을 느낀다. 그 와중에 딸이 자살을 했다는 소식을 듣고 끝내 농민조합운동에 참여하게 된다.

단막극이지만 절박한 비극적 상황이 밀도있게 전개되고 박첨지의 성격 변화 또한 상황에 따라 조화를 이룬다. 박첨지의 투쟁 참여를 불가피한 현실로 구성해 나간 점은 동시대 다른 경향극보다 우수한 작가적 기량으로 평가하고 있다. 이념의 꼭두각시에서 벗어나 현실 속에서 고뇌하고 투쟁하는 농민을 생동감있게 잘 표현했다.

14) <노동자>

『조선지광』(1927)에 발표한 <노동자>는 노동자들의 집단 행위를 통해 프롤레타리아 혁명의 정당성을 노골적으로 지지하고 나선 본격적인 경향극이다. 오백 명의 노동자가 파업에 돌입한 상태에서 공장주는 그들의 요구를 들어주지 않고 오히려 사태를 유리하게 넘기려는 기만책을 쓴다. 다른 한편에서는 공장주의 측근들이 노동자들의 투쟁은 정당한 것임을 지지하고 나서는 극적 전개를 보여주는데, 여기서 프롤레타리아 혁명의 정당성을 주지시키고자 한 부분은 카프 결성 이후 신경향파의 활동이 본격적인 프로극으로 전환되고 있음을 잘 보여주고 있다.

공장주는 파업을 무산시키기 위해 언론조작과 미인계를 이용한다. 집을 찾아 온 노동자들의 대표에게 평소 자신과 정분이 있던 기생을 친딸로 위장하여 회유하려 하나 대표의 진실한 태도에 감화된 그녀는 자신의 처지를 고백하고 투쟁노선을 지지하며 프롤레타리아 운동에 헌신할 것을 다짐한다. 파업한 노동자들은 공장주의 집으로 몰려간다. 이 작품은 자본가의 음모나 부도덕성은 비교적 잘 드러나고 있으나 노동자들의 구체적인 현실을 드러내지 않으면서 그들의 요구가 무조건 정당하다는 설교 방식으로 인해 설득력은 떨어진다.

경향극에서 이들 작품의 주인공은 대부분 노동자이거나 소작농, 그리고 사악한 자본가이다. 내용은 노동자와 소작농의 부당한 고통과 자본가의 착취적 태도를 문제시하고 있다. 노동자와 소작농의 삶에 대한 정당하고 온당한 인식의 계기를 마련한 의의는 크나 소재적 측면에 집중한 나머지 연극적 특성을 고려하지 않은 작품이 많다. 예를 들어 짧은 희곡에 급격한 장면변화가 여러 번 있거나 지나치게 많은 인물이 등장하게 되어 있어 공연을 어렵게 하는 부분이 있고, 장황한 연설조의 대사로 사건 전개를 지루하게 한다.

제7장

계몽의 파레시아를 통해 본 개화기
공연과 문학

앞서 기술한 희곡문학과 공연문화는 다양한 방법으로 개화기 시대의 사상과 근대정신의 흐름을 반영하였다. 희곡이 무대에 상연을 목적으로 기술된 문학인 반면, 공연은 말 그대로 무대 위에서 관객들에게 다양한 오락거리를 중심으로 시연되는 일체의 문화를 의미하기 때문이다. 둘 사이의 관계는 마치 실과 바늘처럼 긴밀한 관계를 맺으며 당시의 사회상과 문제의식을 표출하기도 하였고, 때론 수면 아래의 격랑으로 감춰지기도 하였다.

서구식 드라마의 이런 시각은 공연문화에 대한 당시 지배층의 시각을 잘 드러낸다. 적어도 마음의 격동을 통한 감정이입이라는 것이 무대를 통해 사람들의 마음을 움직이는 중요한 부분이라는 것은 공연에 대한 평가나 기획 역시 같은 맥락에서 이루어진다는 것을 알게 한다. 따라서 이는 새로운 현장체험을 통한 서구문화에 대한 이해였으며 계몽적 시각에서 이를 받아들이고 있다는 사실을 확인하게 한다.

그리고 이런 시각은 황실극장인 협률사의 설립 계기가 되었으며 새로운 기법으로 우리 전통공연문화를 다듬는 계기가 된 것이다. 즉 창극 운동이라고 알려진 분창의 기법을 활용한 판소리꾼의 분화나 극적 행위의 무대화, 작중인물에 해당하는 창자의 나뉨은 모두 이런 시각에서 이해되는 것이다. 공연의 양상과 방식을 기준으로 다양한 변화를 경험하면서도 우리가 가진 자산으로서의 공연에 대한 기호는 개화기 시대 오히려 커져만 갔다.어 많은 공연을 중심으로 관객들이 몰린 것은 이런 공연의 양상을 통해 시각적인 정보의 확인뿐만아니라 같이 무대를 공유하는 사람들에게 위안을 받으며 개화기의 험한 파고를 넘고자 한 기대감 역시 있었을 것이다.

협률사 : 1902년 정부가 설립한 관립극장 사진 79)

---

79) https://terms.naver.com/entry.naver?docId=2458267&cid=46664&categoryId=46664

협률사 공연 후 단체 사진 80)

공연이 주는 효과를 통해 공연에 대한 기대감을 갖고 있던 우리가 취할 수 있는 방법은 연대를 통해 이 같은 경험을 같이하면서 의지하는 것이리라. 그렇지만 공연의 성과는 크게 나타나지 않으면서 결국 두 가지 선택으로 나뉘게 된다. 일본의 앞선 서구식 공연방식을 그대로 답습한 개량한 모습의 신파극적인 공연과 서구식 무대극을 학생극의 모습으로 받아들이는 것이다. 둘 다 만족스러운 방법은 아니었지만, 우리가 선택할 수 있는 시간은 너무도 짧았기에 이는 억압적인 방법으로 우리에게 주어진 환경이었다.

식민지 시대 초기의 공연문화에 대한 이해는 사실상 새로운 근대정

---

80) https://terms.naver.com/entry.naver?docId=2458267&cid=46664&categoryId=46664

신의 흡입으로 전개되었다면, 1930년대를 지나면서 우리가 가진 독립에 대한 열망과 노력은 서서히 새로운 국면으로의 전환이 시도된다. 많은 우리 국민들이 간도와 연해주로 이주하면서 이들을 위한 위문이 하나의 형태로 정착되고, 문화에 대한 향수를 자극하는 효과를 거두기 시작하면서 공연을 통한 문화적인 교류가 본격화되는 시기라고 할 수 있다.

1930년대에 가장 빈번한 형태로 나타난 공연은 이동연예대라는 형태로 관변 단체를 중심으로 활동하게 된다.

• 나혜석의 경우

1913년 3월 진명여고를 최우등으로 졸업한 사실이 매일신보(1913.4.1.)일자 신문에 실릴 정도로 유명한 학생인 나혜석은 도쿄여자미술전문학교 서양학과에 같은 해 입학하게 된다. 새로운 문물을 일본에서 익히며 성장하게 된 나혜석은 1914년 가을 '학지광'3호에 <이상적 부인>이라는 글을 게재하게 된다.

理想的 夫人

먼저 理想이라 험은 何를 云험인고, 所謂 理想이라. 即 理想의 欲望의 思想이라.
以上을 感情的 理想이라 허면, 此 所謂 理想은 靈智的 理想이라. 然허면 理想的 婦人이라 헐 婦人은 그 누구인고.
過去及 現在를 通하야, 理想的 婦人이라 헐 婦人은 읍다고 生覺허는 바요. 나는 아즉 婦人의 個性에 對헌 充分헌 硏究가 읍는 故이며, 또 自身의 理想은 非常헌 高位에 在험이요. 革身으로 理想을 삼은 카츄사, 利己로 理想을 삼은 막다, 眞의 戀愛로 理想을 삼은 노라夫人, 宗敎的 平等主義로 理想을 삼은 스토우夫人, 天才的으로

理想을 삼은 라이죠女史, 圓滿헌 家庭의 理想을 가진 요사노女史 諸氏와 如히, 多
方面의 理想으로 活動허는 婦人이 現在에도 不少허도다. 나는 決코 此諸氏의 凡事
에 對하야 崇拜헐수는 읍스나, 다만 現在 나의 境遇로는 最히 理想에 近허다 하야,
　　部分的으로 崇拜허는 바라. 何故오, 彼等의 一般은 運命에 支配되여, 生長 發展
卽 忠實히 自身을 發展험을 恐怖하야, 恒常 平易헌 固定的 安逸外에, 絶對의 理想
을 가지지 못헌 弱子임이라. 然허나, 우리는 此長所의 凡事를 取得하야, 日日히 修
養된 自己의 良心으로 築出헌 바, 最히 理想에 近接헌 新想像으로 生長치 안이 허면
안이 되겟도다. 習慣에 依하야 道德上 婦人, 卽 自己의 世俗的 本分만 完守험을 理
想이라 말헐 수 읍도다.(이하 하략)

(『學之光』, 1914. 12)

　다양한 이상적인 부인을 주로 언급하면서도 여자가 갖는 도리와 삶
을 전체적으로 바라보는 시각을 보여주는 이 글을 통해 나혜석은 일찍
이 자신이 가진 어떤 가치와 철학적인 맥락을 구체적으로 보여주려고
노력한다. 다만 이런 여자의 신분으로 다양한 이상을 거론하는 과정에
서 한계적인 상황을 스스로 갖고 있음도 어느 정도 엿보게 된다.

　특히 '현모양처론'을 언급하면서 이 같은 논리가 여자를 노예로 만들
려는 의도를 드러내는 것이라고 갈파한 그녀는 연애의 권리와 여성이
라는 신분을 통한 희생에 대한 전통적인 생각에 대해 거부한다. 이런 나
혜석은 그렇기에 기존의 결혼관과는 다른 연애관을 몸소 실천하여 보
인다. 이미 결혼한 남자 최승구를 사랑한 것도 그렇고, 상처한 김우영과
결혼을 한 내용도 사실상 이런 맥락에서 이해되는 행동이다. 그렇기에
김우영과 결혼한 나혜석은 먼저 사랑한 남자 최승구를 잊고자 그의 빈
소를 찾아가 그와 연관된 모든 편지와 물건을 태우는 것으로 대신할까.

이런 태도는 당시의 지식인들 즉 개화에 대한 생각을 가감없이 표현한 것으로 이해된다. 개화가 주는 새로운 패러다임은 기존의 가치에 대한 덧입힘이 아니라 새로운 물결을 말 그대로 가감없이 받아들이는 주체로서의 행동가이어야 하기에 이런 생각이나 행위에 대해 받아들이는 것만이 바람직하다는 판단이 된다.

계몽기의 생각에서 직접 활동하거나 행동으로 옮기는 것이 어려운 것은 바로 이러한 행동이 주변에는 지금과는 전혀 다른 양태를 드러내고 보이는 것이기에 받아들일 수 없는 곤란 혹은 경험하지 않은 새로운 상황에의 전개에 해당되기에 마치 시험에서의 당락과 같은 입장을 요구한다는 사실이다.

과도기나 중간단계가 생략된 이 같은 처신은 저절로 행동에 제약을 받게 되고, 새로운 가치관을 통해 자신의 입장을 펼치는 것이 예전과는 확연하게 구분되는 자연스럽지 못한 행위로 평가되거나 그게 아니면 오히려 침묵을 강요당하는 형태로 암묵적으로 드러나는 억압처럼 변질되어 개화한 사람이 처신하기 어렵게 요구된다. 따라서 개화한 것을 표현한다는 것 자체가 점진적으로 조금씩 개선하여 드러낼 수 있는 환경을 기다린다는 것은 이미 다 익은 열매가 땅으로 떨어져야만 먹을 수 있다고 믿는 것과 마찬가지여서 과일이 상해 어찌할 수 없는 상황에 놓이기도 한다는 뜻이기에 그 행동이 드러나는 처신은 항상 어려움에 놓일 수 밖에 없다.

나혜석의 삶은 바로 이런 태도와 주변의 시선이 끊임없이 교차하는 가운데 외로이 서 있는 이정표와 같다. 그렇기에 그녀의 삶을 조망하는

것은 개화인이 겪는 보편적인 혼란의 과정을 온몸으로 압축하여 드러
내는 것과 유사하게 이해된다는 점에서 주목된다.

전시회 준비 중인 나혜석[81]

파리 체류 중의 나혜석[82]

81) https://www.munhwa.com/news/view.html?no=2022120501032836156001

중앙 가운데 앉은 자세로 촬영된 인물이 나혜석으로 이 사진[83])을 보더라도 나혜석은 외국인과의 교류에서도 한복을 입고 자신의 태도나 자세를 잃지 않은 모습이 확고한 자신만의 세계를 지닌 인물로 보이는 데 부족하지 않다.

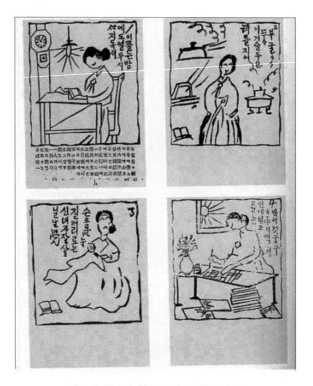

신여성 잡지의 표지 그림 (나혜석 판화)

82) https://blog.naver.com/hyobin_mo/223688821675
83) https://www.seoul.co.kr/news/seoulPrintNew.php?id=20230803500092

• 박승희의 경우

구한말 총리대신과 초대 주미공사를 역임한 박정양의 아들로 서울에서 태어난 박승희는 1920년 일본으로 유학하여 21년 메이지학원 영문과에 입학하게 된다. 그는 도쿄 간다구 니시키마치 3정목 18번지에 하숙한 김기진, 김복진 형제와 김을한이 하숙한 그곳을 아지트로 삼아 1922년 5월부터 매주 토요일에 만나는 독서회 형태의 '토월회'를 결성한다.

토월회 창립 동인들

박승희 사진[84]

1923년 계몽운동의 일환으로 고국에서 연극을 공연하자는 데 의견을 모으고 박승희의 희곡 '길식' 등 네 편의 단막극을 준비하고 공연을 올렸지만, 흥행에 실패하고 만다. 1923년 7월 4일부터 8일까지 조선극장에서 열린 연극은 실패하였으나, 9월 18일부터 24일 무대에 올린 2회

84) https://www.kculture.or.kr/brd/board/252/L/menu/463?brdType=R&bbIdx=8664

공연은 비록 번역극 중심의 연극이었지만, 흥행에는 성공하여 단원들이 고무된다. 다만 이후 토월회의 진로를 두고 문학에 관심이 높은 멤버들이 이탈하고 결국 박승희를 중심으로 한 소수의 인원만이 남아 연극 무대를 더욱 알차게 꾸미는 전문극단으로 탈바꿈을 시도하게 된다.

여기서 주목하게 되는 일은 연극에 대한 유학생들의 의견일치를 통한 무대화와 이를 적극적으로 추진하게 되는 배경에서 의견이 엇갈리게 되는 상황의 분출이다. 이는 결국 다양한 시각이 엇갈리는 유학생들의 태도와 관계되며 바로 이 지점이 계몽에 대한 인식의 차이를 극명하게 보여준 한 장면이 된다. 하지만 지금까지 언급한 다양한 시각의 존재에도 불구하고 여전히 유학생들은 계몽에 대한 일반인들의 포용을 시도하고 이를 위해 앞으로 조금씩 전진하는 자세를 견지한다. 적어도 이런 맥락에서 박승희 역시 개화인이 겪는 보편적인 혼란의 삶의 모습을 보여준다는 점에서 이후 그 자취 역시 흥미롭게 드러난다고 하겠다.

참고문헌

참고문헌

1. 자료

김연수, 극단야화, 매일신보, 1931.5.23.

이광수, 「間學이란 何오」, 『매일신보』, 1916.11.10.~23.

『대한매일신보』, 1908.11.8.

『매일신보』, 1913.7.16.~1914.1.21.)

근대한국공연예술사자료집 1(개화기~1910년까지), 단대출판부, 1984.

노제운, 『함세덕전집』1 ~ 2권, 지식산업사, 1996.

한국극예술학회 편, 『한국현대극작가론1 -김우진』, 태학사, 1995.

한국극예술학회 편, 『한국현대극작가론3 -송영』, 태학사, 1995.

한국극예술학회 편, 『한국현대극작가론5 -유치진』, 태학사, 1995.

2. 저서

강현두 편, 대중문화의 이론, 민음사, 1980.

고설봉: 장원재 정리, 『중언연극사』, 진양출판, 1990.

김미도, 『한국근대극의 재조명』, 현대미학사, 1995.

김재석, 『한국근대연극사1』, 연극과인간, 2022.1

양승국, 『한국현대극 강론』, 연극과인간, 2019.

서연호, 이상우 저, 『우리 연극100년』, 현암사.

서연호, 『한국공연예술개론1』, 연극과인간, 2015.

서연호, 『한국근대극작가론』, 고려대출판부, 1998.

서연호, 『한국근대희곡사』, 고려대출판부, 1994.

손정류, 한국개항기도시변화과정연구, 일지사, 1982.

양승국, 「프로작가들의 작품세계」, 『한국해금문학전집』17, 삼성문화사, 1988.

양승국, 『김우진, 그의 삶과 문학』, 태학사, 1998.

유민영, 『한국근대연극사』, 단국대출판부, 1996.

윤백남, 『운명』, 신구서림, 1924.

이동백, 한성준 대담, 가무의 제문제, 춘추2권2호, 조선춘추사, 1941.3.

이상우, 「3.1운동 전야의 동경유학생학우회와 근대극」, 극예술,기념/기억의 정치, 지
　　　식과교양, 2021.

이상우, 『유치진 연구』, 태학사, 1997.

장원재, 한국 근대극 운동과 언론의 역할관계연구, 연극과인간, 2005.

홍영철, 근대부산극장사, 초청강연자료, 2018.

3. 논문

권오만, 「'병자삼인'고」, 『국어교육』17, 한국국어교육연구회, 1971.

김만수, 『함세덕 희곡의 기호학적 연구』, 서울대박사논문, 1995.

김미도, 「1920년대 리얼리즘연극 연구」, 고려대석사논문, 1988.

김성희, 「1930년대 극예술연구회 연구」, 이화여대석사논문, 1983.

김재석, 「1920~30년대 사회극 연구」, 경북대박사논문, 1992.

도재학, 「'관광'의 어휘사와 문화 변동」, 한국학연구64집, 고려대한국학연구소, 2018.

박영정, 「유치진의 연극비평연구」, 건국대박사논문, 1997.

백현미, 「창극의 역사적 전개과정」, 이화여대박사논문, 1996.

손종훈, 「김정진 희곡연구」, 영남대석사논문, 1983.

손화숙, 「1930년대 프로연극 연구」, 서울대석사논문, 1990.

신아영, 「신파극의 대중성 연구」, 『한국극예술연구』5집, 1995.

심상교, 「김영보희곡연구」, 『어문논집』34, 고려대국어국문학회, 1996.

심상교, 「1920년대 희곡의 특성고(Ⅰ)」, 『한국학연구』8집, 고려대한국학연구소, 1997.

양승국, 「1920~30년대 연극운동론 연구」, 서울대박사논문, 1992.

양승국, 「1930년대 대중극의 구조와 특성」, 『울산어문논집』12집, 1997.

이대범, 「극예술연구회 연구」, 강원대 석사논문, 1988.

情報室, 「우리 社會의 諸事情」, 삼천리 제13권 제9호 1941년 09월 01일.

한을희, 「김정진 희곡 연구」, 조선대석사논문, 1993.

한점돌, 「'병자삼인'의 희곡사적 위치」, 『선청어문』13, 서울대 사범대. 1982. 11.

이재명, 「1930년대 희곡문학의 분석적 연구」, 연세대박사논문, 1992.

임　화, 「조선근대극 발달과정」, 『연극운동』, 창간준비호, 1932.5.

홍창수, 「한국희곡의 희극성연구」, 고려대박사논문, 1997·

공연예술 분야로 본 계몽의 파레시아

초판 1쇄 인쇄일	2024년 11월 15일
초판 1쇄 발행일	2024년 11월 30일

지은이	이철우
펴낸이	한선희
편집/디자인	정구형 이보은 박재원
마케팅	정진이 한상지
영업관리	정찬용 한선희
책임편집	이보은
인쇄처	으뜸사
펴낸곳	국학자료원 새미(주)
	등록일 2005 03 15 제25100-2005-000008호
	경기도 고양시 덕양구 권율대로 656 클래시아더퍼스트 1519호
	Tel 02)442-4623 Fax 02)6499-3082
	www.kookhak.co.kr
	kookhak2010@hanmail.net

ISBN	979-11-6797-210-1 *93910
가격	29,000원